Communication Skills of
A Reliable Leader

相手が“期待以上”に
動いてくれる!

リーダーのコミュニケーションの教科書

株式会社CHEERFUL代表取締役
沖本るり子

同文舘出版

はじめに

「言ったことしかできない！」

指示したことはこなすけれど、それ以上の成果が出ない部下にイライラし、「少しは、もっと気のきかせた仕事ができないものか」と心の中でつぶやくこと、ありませんか？　もしかしたら、指示したはずのこともロクにできない部下に、ウンザリしている毎日かもしれません。

しかし、それを部下の能力が低いせいだと放っておいても、イライラは減ることはありませんし、いい結果が出ることもないでしょう。

言ったことしかできない部下。

言わないとわからない部下。

言ってもできない部下。

もしかしたらそれは、**部下自身の問題というよりも、本当は期待以上の成果を出せる部下という逸材を、あなたが活かしきれていないというだけかもしれません。**

私は、年間約180件のセミナーや企業研修を行ない、主に経営者や管理職等リーダーの方を中心に、部下との関係を改善するコミュニケーションスキルについてお伝えしています。

こう書くと、いかにも「コミュニケーションの達人」のようですが、かつての私のコミュニケーション力は最悪でした。

それは、ある3連休明けのことでした。晴天の穏やかな空気の朝、私はお気に入りのワンピースを着て、爽快な気分で自転車をこぎ、出勤していました。会社に近づくにつれ、会社を取り囲むように大勢の人だかりができているのに気がつきました。

それを野次馬根性で眺めながら、何かの取材かな？　とのんきに眺めていると、人だかりの中から、「沖本さ～ん！」と慌てた様子の部下の声が聞こえました。

彼女は次に信じられないことを口にします。

「会社が……、会社が、つぶれとる！」

私は、「はぁ？」と、何を馬鹿なこと言って……と心の中で呟きながら、人をかき分け、会社の前にたどり着きました。そこで、唖然としました。

いつもならすでに開いているはずの会社はシャッターが閉じられています。そして、会社の倒産を告げる貼り紙がしてあったのです。

そのとき、私の立場は、その会社の取締役でした。これは、テレビか映画の撮影ではないのだろうか？　そうに違いないと思ったのも束の間で、他の取締役も、取引先や銀行関係の方々も会社の前で大騒動。この日まで、誰1人、取締役でさえ、会社が倒産しそうだとも気づいたものはいなかったのです（社長の身内は別として）。


この倒産の要因は、間違いなく「人」にありました。人が育たない組織だったのです。

その根底にあるのは、**「コミュニケーション不足」**です。

当時、その会社は広島県では業界2位の規模で、売上がかなり悪化していたわけではなく、「人」の問題に多くの時間を無駄に費やしてしまっていたのでした。

当時、私は、悪いのはすべて部下のせいだと思い、部下を「なんで、こんなことするの⁉」「少しは自分で考えてやって！」と怒鳴り散らし、責め、他部署の人間ともいがみ合い、もめごとはしょっちゅうでした。入社1日で辞める人もいて、社員が根づかず、私の仕事は増える一方でした。

「もしかして悪いのは、部下じゃなくて私？」

そう薄々感じ始めていた私は、あるとき、1年以上勤務している部下に「私、怖い?」と尋ねてみました。

すると、「怖いけど、すごく勉強になります」と答えが返ってきました。

そこで、「勉強? ああ、そうだ。上司の役割は部下を育てることだ!」と気づいた私は、「いちいちそんなことを聞きに来るな!」と叱っていた言葉を、「あなたなら、どう解決する?」と切り替えてみたのです。

しかし、最初からそううまくはいきません。期待して採用した入社3カ月の部下に「沖本さんにいじわるされている‼」と泣きわめかれたこともありました。それでも私は、少しずつ部下との関わり方を変えていきました。

そして、私と部下の関係がうまくいき、部下が期待以上に仕事をするようになった矢先、会社の倒産を告げる貼り紙。時すでに遅し、だったのです。

こんな経験、もう誰にも味わってほしくない。その思いが原動力となり、私をここまで突き動かしてきました。

この本をお読みの皆さんに、まず私が伝えたいこと、それは、**「部下は仕事ができると**

信頼して期待する」ことと「部下はコミュニケーション力が高いと期待する」ことは、別にして考えてほしいということです。

部下は仕事ができると信頼し、期待して任せていい存在です。ただ、残念ながら、部下のコミュニケーション力はまだ未熟です。だから、リーダーであるあなたが部下をリードしてコミュニケーションスキルを身につけ、手本を見せてあげるのです。そうすると、部下が期待以上の成果を出し、育っていきます。

私が、早くにこの2つを別に考え、コミュニケーションスキルを身につけることができていたなら、会社の倒産もなかったでしょう。

あなたがコミュニケーションスキルを磨くことで、どんな部下も期待以上に動き、成果を出すことができます。この本の中に書いてあるスキルを活かすことで、あなたの職場は今までとまったく違う雰囲気になっていくことが実感できるでしょう。

あなたの逸材の部下たちが、さらに期待以上に動いてくれる存在になりますように。

沖本るり子

『相手が〝期待以上〟に動いてくれる！ リーダーのコミュニケーションの教科書』 目次

PART 2
部下のやる気を育てる「観る」力
「観る」力

PART 3 「話す」力

部下にきちんと伝わる「話す」力

PART 4 「聴く」力 ⑦

部下が本音を話し出す「聴く」力

PART 5 「質問」力

自ら考える部下に成長する「質問」力

PART 6 「巻き込む」力

部下の行動力を高める「巻き込む」力

PART 7 「職場改善」力

“期待以上”の成果を出す「職場改善」力

装幀・ブックデザイン・DTP 高橋明香（おかっぱ製作所）

PART 1

「リーダー」力

“できない部下”を“できる部下”に変える「リーダー」力

LESSON 01

「聞いていません！」

お互いの話が食い違っている

◉話を聞かない
◉理解力がない
◉指示通りに動かない
◉報告もなく勝手に仕事を進めてしまう
◉自分で考えず、指示待ちのまま

……口には出さないものの、こんな相手に、日々悩まされていませんか？

私も、講師として起業する以前は複数の企業に勤め、何人もの部下や後輩がいました。

中でも、「聞いていません」という部下への対応にいつも疲れていました。

私「野田さん、昨日お願いしておいた会議用の資料できた？」
部下「はい、今、人数分印刷しているところです」
私「できた資料を1部、先に見せてくれる？」
部下「はい。これです！」
私「これ、売掛残の資料が入ってないじゃない。会議では、遅延残の話し合いもするって言ったよね？」
部下「ええ？　売掛残の資料を作れとは聞いていませんけど」
私「昨日、3カ月経って入金されていない取引先についても営業に報告するって言ったの、聞いていなかったの？　まったく……。わからないのなら、質問しに来なさい」
部下「……（ちゃんと聞いていたのに……）」

かつて、私がリーダーだった頃の日常茶飯事の一コマです。
このような、上司と部下の「言った・言わない論争」は、ありがちな光景ですよね。
よく考えてみると、私も社会人1年目にはしょっちゅう言っていました。

「そんなことは、聞いていません！」

「そんなことは、言われていません！」

「そんなことは、教わっていません！」

ところが、いざ自分がリーダーになると、部下のときの気持ちを忘れてしまいがちです。新人の頃に頭にきていたことなど、すっかり忘れて、部下のことを叱っていたのです。

おそらく、私の部下だったAさんも同じ思いをしていたことでしょう。

私がそのとき伝えたかったことは、

「営業会議で、3カ月遅延がある取引先について報告するために、売掛残の資料を作ってほしい」

部下のAさんの受け止め方は、

「3カ月の遅延を営業に知らせる、ただの連絡」

という違いがありました。

ですから、どちらかが、間違っているとか嘘を言っているわけではないのです。

「言った・言わない論争」というのは、自分も言っているし、相手も聞いているのも事実です。あるいは、リーダーも言っていないし、部下も聞いていないとも言えるでしょう。ただ、**聞いた側の解釈の違いから、「言った・言わない論争」が展開される**というわけです。

この解釈の違いがなくならない限り、相手があなたの期待通りに動くことはありません。どうせなら期待通りではなく、期待以上に動かしたいでしょう。

あなたがこうしてほしいという期待は相手に伝わらなくては無意味です。リーダーとしてあなたの「話の伝え方」に問題はないのでしょうか？

LESSON 02

「私がやるんですか？」

嫌々仕事をやっている

リーダー「鈴木さん、今すぐこの資料を作って、昼から営業に説明してきて」

部下「えぇ！　私が、やるんですか？」

リーダー「もちろんでしょ！」

部下「今日は経理の締切だし……。今、忙しいんですけど……」

リーダー「そんなのは後回しにして。こっちのほうが急ぎだから」

部下「は、はぁ……。わかりました（まいったなぁ……）」

このように、仕事を依頼すると「なんで自分にそんな仕事を押しつけてくるんだ？」というような態度をとる部下はいませんか？

あるサービス業の企業研修を行なう前、約30人を個別に面談し、部下に対する希望を聞いてみました。

私「部下に望んでいることは？」

管理職「チャレンジ精神で仕事に望んでほしいですよ」

私「あぁ、自らすすんで何かをする自律した部下になってもらいたいんですよね」

管理職「いやいや、そこまで高望みはしていませんよ」

私「え？　高望み？」

言われたことはやるけれど、言われないことはすすんでしないどころか、言われたことも消極的に取り組む人もいるのが現状のようです。

リーダー「多田さん、これ、来週の火曜日までにやっておくように」

部下「私がやるんですか？　そういう説明は苦手でやったことがないし、森さんのほうが人前に出ても話ができるので、森さんにやってもらったほうがいいですよ」

リーダー「文句を言わないで、とにかくあなたがやって！」
部下「は、はい……（人前で話すの苦手なのに……。どうしよう）」

と、やる前から苦手意識を持ち、最初からできないと決めつけ、チャレンジする意欲もない。そして、他の人へ仕事を押しつけようとするということです。

このようなとき、多くのリーダーの反応は、部下に対して威圧感を出し、何も言えないくらいきつめの指示命令をしています。

そうなると、部下はますます仕事が嫌になります。**嫌々やっている仕事ほど成果の低いものはありません**。出来上がった資料はミスも多く、気のきかない、出来栄えの悪いものになっているのです。


私が部下の立場のときは、リーダーからの業務命令は絶対だと思っていたので（時代のせいもあると思います）、「私がやるんですか？」と言ったことは一度もありませんでした。ただ、「できません」という言葉は入社2年目のときに一度だけ使ったことがあります。

帰社間際になって、急に「明日の朝までにお願いね」と指示を出されたときは、さすがに

「朝までには、どんなにがんばっても無理です！」と、頭にきて言ったのです。結局このときは、翌日の昼までに資料を仕上げて、私が会場までバイクで持参したのでした。

あなた自身も経験があるのではないでしょうか。今、自分がどれくらい大変なのかをリーダーにわかってもらえない……、そんな指示命令をされたとき、あなたはどのような気持ちだったでしょうか。

「今、こっちのほうが急ぎで忙しいのに」
「私が何の仕事をどれだけこなしているのか、わかっているのか」
と、私も声には出しませんでしたが、毎回心の中で叫んでいたものです。

あなたも、自分のことで精一杯になっていませんか？
部下が今、どれくらいの仕事量を抱えているのか、何の仕事に取り組んでいるのかを把握していれば、仕事の依頼の仕方は変わります。部下のできていないことばかりを観るのではなく、部下の仕事のことも観ることです。

LESSON 03

「わかりました！」

本当はわかっていない

リーダー「鈴木さん、これ、どうなってるの？　全然違うよね⁉」

部下「えぇ？　何か違っていましたか？」

リーダー「何かじゃなくて、ここ、全部違うじゃない。この前説明したとき、『わかった？』って聞いたら、あなたは『わかりました！』と言ったよね」

部下「……」

リーダー「わかってないのに、『わかった』と言わないでくれる？」

部下「はぁ……（わかっているから、聞かなかったんだけど……）」

わかっていないのなら、どうして部下は質問しないのでしょうか？　リーダーの方たちからよく聞かされる話です。

わかっていないのに、どうして「わかった」と言うのか、不思議ですよね。

わかっていないのに、「わかった」と言う部下からしてみると、話を聞いたときには、何の疑問も持たずにわかっているつもりなのです。ですから、部下としては、嘘を言っているつもりはないのです。

これも先ほどと同様、単なる解釈の違いによるものです。**話を聞く側は、聞いた話をわかったと思っているのです。**しかし、聞く側の解釈が言った側の解釈と違っているために、結果が異なってしまったというわけです。

リーダーとして、相手の「わかりました！」という言葉を鵜呑みにするのは、間違いの始まりです。

あなたは、何について、どのようにわかったのかを相手に確認していますか？

ある勉強会に参加した昼食時のことです。

レストランに10名ほどで行き、各自注文を店員に伝えました。この店員は、そのまま厨房に行きましたが、私は内心、不安な気持ちでした。なぜなら、私はそのとき、食べることのできない肉を抜いて調理してもらうように特別にお願いしたからです。

注文を伝えたときは、「はい、わかりました！」と返事はされていましたが、本当に大丈夫なんだろうか？　と心配でした。

その後、注文した料理が出てきたのですが、不安は的中です。肉入りの料理が出てきてしまい、作り直しをしてもらいました。しかし、作り直しには時間がかかり、結局、昼食を食べる時間がほとんどありませんでした。

今思えば、全員の注文が終わったときに、私が再確認すればよかっただけなのです。店員が復唱するのが通常かもしれませんが、いつもがそうとは限りません。


あなたのコミュニケーションも、同じことなのです。

出来がよくないと思っている部下ならなおさら、何がどうわかっているのか確認を怠ってしまうと、大きなミスや失敗にもつながりかねません。

リーダー「……という資料を来週金曜日までには作るように」
部下　「わかりました」

リーダー「どうわかったのか、復唱してくれる?」
部下「来週金曜日の17時までに作る資料は……」
リーダー「それは、何年度の?」
部下「平成25年度のものですよね?」
リーダー「いや、平成24年4月から平成25年3月の24年度!」

このように、**説明をするときは、相手が「わかりました!」という言葉を発しても鵜呑みにせず、解釈の違いがないかを確認しましょう**。とにかく、「話し手(発信側)」と「聴き手(受信側)」の解釈の仕方が違う可能性があるということを念頭に置くことです。

あなたが相手を期待通りに動かすには、この解釈のズレをできるだけなくすようにすればいいのです。そのためにも、リーダーがコミュニケーションスキルを磨く必要があるのです。

LESSON 04

「誰からも言われたことがありません」

ミスを指摘するとすぐにやる気をなくす

私「野田さん、この請求書が間違ってるけど、再チェックした？」

部下「再チェックしたつもりですが……」

私「再チェックしたのに、計算が違ってるのはなんで？　せっかく指示しなくても、自分で請求書を作ったかと思ったら、これだもんね」

部下「次からは、指示されるまで請求書は作りません……」

私「そういうことを言ってるんじゃないの（最近の人はちょっと叱ったら、すぐこれだもんね。こっちがやってられないわ、やれやれ……）」

部下「……」

私は、このように部下を叱っていました。自分がミスしておいて、次からは指示されるまで何もしないって、バイトじゃないんだから……と呆れていました。

しかし、最近は、部下のやる気を削いでしまうという理由から、叱れないリーダーも多いようです。

私が新米講師の頃、ある研修を見学させてもらったときのことです。途中から、見学だけではなく、少しコメントしてほしいと人事研修担当者から依頼されました。ところが、このとき、意外な言葉に耳を疑いました。

「褒めるだけにしてくださいね。できていないところは指摘しないでください」

私は驚いて「それは、どういう理由でしょうか?」と尋ねたところ、「最近の新人は、できていないところを指摘されたり叱られたりすると、すぐ辞めてしまうから」とのことでした。

やる気を削ぐならまだしも、叱られて辞めてしまうような人なんか、とっとと辞めてもらったほうが会社のため、本人のためじゃないのかな?　と思ったものです。

もっと呆れるのは、**嫌われたくないからとミスを指摘することができないリーダー**です。

仕事のミスを指摘もせず、リーダー自らが修正・訂正し、いわゆる尻拭いをしてしまうのです。これでは、部下の成長はありません。部下はこの先もずっと、同じミスをし続けるわけです。

今は、1つの会社に定年まで勤めるという時代ではありません。できないことをできないままにしていては、転職先で恥をかくということもありえます。

私もこれまで数社転職してきましたが、リーダーがミスを指摘してくれたおかげで、新しい職場で恥をかかないで済みましたし、これまでの失敗の経験を活かすことができました。きちんとリーダーが指摘してくれたからこそ成長できたのだと、とても感謝しています。

あるとき、私と対立していた他部署の林課長の部下である谷岡さんに、

私「これ、間違っているけど、誰にも指摘されたことがない?」

谷岡「今まで、林課長からも指摘されたことはありません。だから、これでいいのです」

と間違いを指摘しても、自分が間違っていると認めませんでした。

実は、林課長は部下に嫌われたくないため、このミスを毎回自分で処理していたのです。

常日頃から部下とのコミュニケーションがとれていれば、ミスを指摘しても、部下があなたを嫌うようなことはありません。「部下が成長するならば嫌われてもいい」という覚悟で臨むくらいの行動を示すほうが、部下はあなたに好感を示すものです。

ミスを指摘することはとても重要です。本人が何も気づかないままでは、いつまでも同じミスをします。

ただ、指摘の仕方にはコツがあります。**相手のやる気をなくさない指摘の仕方をすれば、逆に感謝もされる**のです。そのためにも、日頃から部下とのコミュニケーションを密にしておくことが必要です。

LESSON 05

「だから、部下に任せられない！」

リーダーが行動しなければ部下は育たない

部下「このデータを削除してしまったんですけど、どうしたらいいですか？」

私「この忙しいときに何をしているの！　ちょっとは自分で考えなさい」

これをしなければ、あれもしなければ、ああしたい、こうしたい……。やることが山積みで「自分の分身がほしい！」と、私はいつも思っていました。

いつも時間に追われてしまい、思い描いているように事が進まないのです。

「せめて、自発的に動く部下がいてくれたら」

「言ったことを理解してくれる部下がいてくれたら」

「安心して任せられる部下がいてくれたら」

と思うこともしばしばでした。

忙しいときに、部下からのミスの報告、おまけに自分で考えもせず、どうしたらいいかと質問がくる。「新入社員じゃあるまいし」とイライラは募るばかりで、結果、部下に当たり散らす毎日でした。

自分の仕事は部下に任せて、リーダーとしての仕事をしたいと思いつつ、目の前の業務をこなしていくのが精一杯になってしまう。部下とコミュニケーションをとっている暇もない。育成もできていないから、いちいち指示を仰いでくるようになって悪循環……。まさに負のスパイラルです。


業界内の顧客満足度No.1という、ある大手企業の管理職の方々に、個別コーチをしていたときのことです。

「部下に任せる？　しかし、結果を出すほうが先だ。自分自身が動かなくちゃ売上達成はできないし、もし部下に任せて大きな失敗でもされたら、余計面倒なことになってしまう。こっちの評価も下がってしまうからね。当分は忙しいので、そのうちゆとりができたら育成して、任せることにするよ」

「そのうち」は、いつ来るのでしょうか？　目標や期限を決めなければ、「ゆとり」は永遠に来ません。

リーダーの大事な役割のひとつに、部下育成があります。**忙しいときこそ、部下との関係を良好にすれば、育成のチャンスとなります**。

しっかり部下育成ができている管理職の話を聞くと、共通しているのは**「忙しいからこそ、部下を巻き込み、仕事を任せる」**ことでした。

と言っても、はじめは、なかなか部下を巻き込めないものです。巻き込むためには仕事を任せよう、任せることで部下も信頼されていると思うだろうと考えるのです。

ところが、誰もが「部下に任せて失敗したらどうしよう」という不安を抱えています。

そこで、まず私は、万が一、何か問題が起きたときに後処理ができるよう、期限を短めに設定し、小さな仕事から渡すようにする「前倒し作戦」から実践してもらいました。

部下に小さな仕事をいちいち説明することで、余計忙しさを感じます。しかし、部下育成もリーダーの仕事のひとつだという認識のもと、「任せる仕事を説明することが仕事」として、仕事の予定表に入れるようにしました。

このように、日々コミュニケーションをとることで、部下が自ら報告をするように誘導していったのです。

たとえば、「○○くん、おはよう！　体調どう？」「○○さん、最近おすすめの映画は何？」など、部下の日々の状況や趣味などをきっかけに、最初はさりげなく声がけをして、任せた仕事について聞き出すようにしていきます。

部下とのコミュニケーションを行なうことで、部下育成ができるようになります。育成中の忙しさは一時のことです。あとは、次第に育成された部下が仕事で成果を出すようになれば、あなたはリーダーとしての仕事に集中して取り組めるようになるはずです。

あなたがもし、本気で今よりも高い業績を上げたいと思っているならば、日々、部下との関係をうまく築き、仕事を部下に任せて、育成していくことが必要です。

部下育成の意欲はいっぱいでも、目先の目標達成に囚われているようでは、いつまでたっても「1人バタバタ貧乏」です。成果を出すには長い目で見て、周囲を巻き込み、大きな目標を達成することが重要なのです。

LESSON 06

「きちんと説明したつもり！」

厄介な「思い込み病」と「つもり病」

他部署の同僚にシステム開発の仕様の説明をした、あるリーダーのケースです。

リーダー「売上実績の一覧表なんだけど、担当者別で作ったものをもとにして、担当者別の地区別のプログラムを作ってもらえない？　今度の会議で使うから」

同僚「ＯＫ！　再来週の会議ですね、来週末にテストして提出します」

それから1週間後、会議を翌日に控え、

リーダー「久本さん、先週頼んだ、売上実績の資料、明日の会議で使うから、ちょっと見せてくれる？」

同僚「え？　まだですよ。営業会議は来週だから、今週末にテストの予定でしたけど」

リーダー「どうして？　今度の会議で使うって言ったよね？　明日は社長と専務に売上実績表について説明するのに……」

同僚「今度の会議って、営業会議だと思ってました。だって、売上実績と言えば、営業会議かと思うし……。それに、再来週の会議だから、来週末の土曜にテストすると言いましたが……」

リーダー「『今度の会議』と言ったら、社長との会議に決まってるじゃない。いつも営業会議だったら『営業会議』と言っているんだから、そのくらいわかってるでしょ」

このとき、リーダーの頭の中は、「来週の会議」という思い込みがあり、その次の週にある営業会議のことなど、考えてもいません。いつもの通り、「営業会議」という言葉を使っていないので、同僚にはわかるだろうという思い込みです。

しかし、同僚の久本さんは、売上実績表に関連させて「営業会議」だと判断したのです。

おまけに、今後の予定までもその場で報告したのに何も言われなかったので、その予定通りに動いていました。

自分の伝えたいことはうまく伝わっているという思い込みがあるがために、相手の「再来週の会議ですよね。来週末にテストして提出します」という報告が一切聴けていないのです。

このように思い込みが根を張っていると、人の話が聴けなくなります。**自分はきちんと説明したつもりで、相手の話も聴いたつもり**というわけです。

この「思い込み病」と「つもり病」がはびこっている限り、職場での円滑な人間関係はなかなか望めません。それにより、仕事のミスが多発し、無駄な時間も増えるばかり。たとえ思い込みがあっても、せめて「聴く」コミュニケーション力があれば、

「え？　違うよ、来週の社長たちとの会議だよ」

と相手に伝えることができたはずです。

もし、話を伝えるときに、より具体的に伝えていればどうでしょうか？

仕事のことを何も知らない新入社員に仕事を依頼するときは、「相手はわかっているはず」などという思い込みはないはずです。説明するときは、相手はわかっているだろうと思わず、新人だと思って具体的に伝えましょう。

そして、相手が話をしているときは、自分が新入社員になったつもりで、聴くようにしましょう。すると、部下も「言わなくても上司はわかっているだろう」とつもりで話してくることが多いことに気がつきます。

部下の話は、より具体的で明確になっているかを意識して聴くことです。すると、具体的ではない疑問が多々生じますので、質問して確認するようにしましょう。結果として、部下の理解力と、お互いの解釈の違いもはっきりしてくるのです。

言ったつもり、聴いたつもりという「つもり病」を早く治療し、「思い込み病」という根っこも取り除きましょう。

LESSON 07

「俺の時代は、○○だった」

相手を言いなりにしていないか？

あるIT関連の会社で、年末の挨拶回りをするときにお客様へ配るアイテムは何がいいか、ミーティングをしていたときのことです。そこの部長は、カレンダーが最適だという意見を持っていました。なぜなら、カレンダーなら実用的なうえ、社名も掲載できるので宣伝効果もあり、年末のアイテムとして定番だろうと思っていたからです。

それなのに部下が、

「私は、使い捨てカイロがいいと思います」

と発言したのです。それに対して部長は、

「カイロなんか、1回使ったら終わりじゃないか。そんなもののために経費をかけられるわけがないだろう。年末だしカレンダーにするべき」

と、頭ごなしに否定しました。

こう言われたら、多くの部下は萎縮して黙ってしまいます。「絶対、使い捨てカイロのほうがいいのに……」と思っていても、リーダーの反対にあってまでも反論できる人なんて、そうそういません。そして、その部下は発言しなくなりました。

このリーダーはこうして、部下のやる気を削いでいたのです。

上司と部下の関係では、どうしても立場が上のほうの意見が絶対になるものです。そのうえ、きつい言い方をされると部下は恐怖心を抱き、ますます上司の意見が絶対的なものになっていくのです。

部下が上司に反論したり、たてついたりすると、痛い目にあうことが多々あります。退職に追い込まれたり、異動になったり、あるいは昇給昇格に影響したり……。ですから、納得はしなくても、最終的には上司の言いなりになるのです。

私が部下の立場のとき、上司に対して反対意見を言った結果、昇給に影響があったことを思い出します。お客様からのご指名で仕事の依頼があるなど成果を出していたにもかかわらず、昇給がほぼゼロに近かったのです。

また、私のセミナー受講生の中にも上司に反論したがために、転勤がないはずの一般職でありながら、家を買って間もない頃に転勤となった人もいます。おまけに、転勤で会社が負担すべき手当が一般職だから出されなかったのです。

このような状況に追いやられると思うと、上司の言いなりになっても仕方がありません。**当然、言いなりのまま仕事をしていても、高い成果はなかなか期待できないでしょう。**

自分が部下の立場だった頃を思い出してみましょう。上司という肩書きをかざして接してくるリーダーと、そうでないリーダーとでは、どちらの下でやる気を出せましたか？

ビジネスは、お客様の立場になって考えることだけではありません。部下の立場になって理解しようと考え、部下に共感することも大切です。

まずは部下の発言を頭から否定しない対応が、「あぁ、この上司は私の気持ちをわかってくれている」という好印象につながります。そのうえで、「そうしたいのは山々だが、予算の都合で、経費も考える必要があるんだ」などと部下に納得できるように説明するようにしましょう。

リーダーがこうしてくれたら、もっとやる気が出たのに！

リーダーがこうしたから、やる気が削がれた！

そんな部下の思いを、今のあなたの立場で考えてみてください。部下がやる気を失うのも、やる気を出すのも、リーダーであるあなたの対応次第なのです。

ただし、「俺の時代は、○○だった。だから、おまえもこうしろ！」という言葉はご法度です。昔と今とでは、環境や時代背景が異なりますし、立場が違えば解釈も違うはずです。「こうしていた」という行動ではなく、そのときの気持ちを思い出してみてください。

部下が自主性を持って自由に考え、意見を言える職場にするためにも、コミュニケーションスキルを磨き、リーダー力を向上させましょう。あなたの部下は、自分の意見を聴いてくれたと解釈し、やる気が高まり、期待以上の成果を出そうとしてくれるはずです。

LESSON 08

「なぜ、言った通りに動かないの？」

コミュニケーションで無能な部下が有能に変わる

部下「ちょっと今、お時間いいですか？　今日は朝からずっと1日中、システムのテストをしてるんですけど……（話が延々と続く）……このまま続けるかどうか……」

私「ちょっと、今忙しいんだけど。結論から先に言ってくれる？　話は短くまとめてね！」

私は気が短く、部下の話にイライラし、つい話を途中で遮ってしまう毎日でした。

なぜ、結論から言わないのか？

なぜ、話を短くまとめないのか？

なぜ、事実と意見がごちゃ混ぜなのか？

部下「伝票の印刷、出来上がってきましたよ」

私「何これ！　伝票番号の位置は、仕入れのほうを変えなさいって言ったじゃない。何を聞いていたの？」

部下「え？　説明では、ここだと言われましたよ」

また、私が言った通りに動かない部下の対応を責めている毎日でした。

なぜ、ちゃんと人の話を聞かないのか？

なぜ、ちゃんと話が理解できないのか？

なぜ、何回も丁寧に説明したのに間違うのか？

自分の部下採用は、ほとんど私が面接で決定していたため、有能だと期待していました。ところが期待以上どころか、期待通りにさえ動けない部下もいたのです。

この能力の低い部下をクビにするわけにもいかず、なんとかしなければいけないと、私の業務はますます手一杯になるばかりでした。

そこで、私自身が部下だったとき、周囲から信頼されていた上司のことを思い出し、相手との関わり方を変えてみました。

部下「ちょっとお時間いいですか？」

私「それは、報告？　連絡？　相談？」

部下「報告です」

私「時間はどれくらい必要？」

部下「う～ん……10分くらいです」

このように、私が知りたいポイントを部下が答えるように誘導しつつ、一方的にならないように相手の言うことも聴くように接していったのです。

また、私自身も、具体的に話をまとめて伝えるように意識してみました。

私「今、社長に依頼された資料を13時までに作らないといけないから、13時以降じゃだめかな？」

そのうち、部下は、私が何を質問してくるかが予想できるので、質問される前に自らが発してくれるようになっていきました。

部下「報告があります。3分お時間いいですか?」

私「3分ならいいよ」

私「この伝票番号の売上のほうを右に移動させて印刷ね」

部下「売上伝票番号を右のここに移動させて印刷ですね? いつまでに何冊ですか?」

最初は、まどろっこしく余計にイライラしましたが、これまでの部下の無能さへのイライラは次第に減少していきました。私が考えていた通りに仕事をしてくれる部下に成長したのです。

リーダーがコミュニケーション力を高めていくことで、部下が変わっていきます。部下の仕事のミスは減り、リーダーの期待以上に動き始めるのです。

本書では、リーダーが身につけておくべきコミュニケーション力を「観る」「話す」「聴く」「質問する」「巻き込む」「職場を改善する」の6つに分けて解説していきます。以降の章で、具体的なリーダーのコミュニケーション力の鍛え方を見ていきましょう。

PART 1 まとめ

【「リーダー」力】

相手に伝わるように話す

相手の現状を観る

相手に伝わったかを確認する

相手に指摘をする

相手に任せる

厄介な“病”を治す

リーダーは相手のやる気を高める

率先してコミュニケーション力を鍛える

PART 2

「観る」力

部下の
やる気を育てる
「観る」力

LESSON 01

「こうすべき!」

「間違い」ではなく「違い」を観る

「こうすべき」「こうあるべき」を口癖にしていませんか?

私は、常に「○○べき」と言い、自分の価値観を人に押しつけるリーダーでした。

相手が自分と違う意見を口にしたからといって、それは間違いとは限りません。**他人とは考え方や、その基準が違う場合のほうがはるかに多い**と私が気づいたのは、それから10年以上経過してからです。

たとえば、1000円という価格が高いか安いかを考えて見ましょう。

「かけうどん1杯1000円」は高いと思いますか?

ほとんどの人は、高いと思うでしょう。

では、「あわびのステーキ1人前1000円」はどうですか？

恐らく多くの方は、安いと思うでしょう。しかし、あわびがすごく嫌いな人にとってはどうでしょうか？「あわびのステーキなんて、1万円もらっても食べたくない！」という人を、あなたは「間違っている」と思いますか？　恐らく思わないでしょう。

これが、「基準は人それぞれ違う」ということです。

ところが、上司と部下の関係になると、「自分の基準が絶対で、部下の基準は間違っている」という考え方で接している人がものすごく多いのです。部下にしてみれば、叱られたと委縮し、自分の意見を述べる人は誰もいなかったのです。

部下の主体性を奪うリーダーは、部下が自分の基準と違うことを口にしたら、「間違っている」と非難し、部下がなぜそう思うのかを聞こうとしません。

これでは、積極的だった部下も自分で考えて発言する意欲はなくなります。主体性がなくなってきて当然です。

相手が自分と違う意見を言った場合、「間違い」と思うのではなく、**まず「自分とは基**

準が違うのだ」と認識することが大切です。さらにチームとなると、その人数分の違いが生まれるので、大きな差となってきます。

そこで、その違いを理解するために、相手の考え方を聞いてみましょう。

リーダー「橋本さんは、どうして使い捨てカイロがいいと思うの？」
部下「カレンダーはありきたりで、他の会社も持ってくると思うんです。使い捨てカイロだと他の会社との差別化を図れるし、今年は寒いので喜ばれるんじゃないかと思って……」

きちんと部下に意見を聞けば、部下はその理由を語ります。そして、徐々にリーダーへの拒絶反応も溶けていきます。

人間関係は、鏡です。あなたが相手の意見を理解しようとする姿勢を見せることで、相手もあなたの意見を検討してみようという気持ちが生まれるのです。

頭ごなしに「間違っている」と言われた部下は、「そうか、自分は間違っていたのか」とは思いません。「リーダーのほうが間違っている」と心の奥底では思っています。口に出さないだけです。私も部下のときには同じように思い、同僚と愚痴を言い合っていました。あなたにもそんな経験があるのではないでしょうか？


あなたが「自分と相手は価値基準が違うのだ」という意識を持って接し、相手の考えも尊重する姿勢を見せることで、部下はもっと広い視野で物事を捉える人に成長します。

「間違い」か「基準の違い」かをしっかり観るようにしましょう。すると、相手もあなたの「基準の違い」を観るようになり、相手が自発的に動くようになる一歩につながります。

LESSON 02

「本当に大丈夫？」

相手の気持ちを観る

相手の言葉だけで、状況や状態を把握しようとしていないでしょうか？　コミュニケーションは、「何を言ったか」ということより「どのように言ったか」が大切です。

たとえば、「ありがとう」という言葉。口ではそう言っていても、ムッとしている表情をしていたり、自分から目をそらしていたら、どうでしょうか？　心からお礼を言ってもらっているとは、とても思えません。

言葉では何とでも言うことができます。でも、顔の表情や仕草、声までは、人はそうそう偽れるものではありません。

言葉に頼りすぎると、コミュニケーションは失敗します。

「あなたの考えは間違っている」と伝えたところで、部下が「はい」という言葉を言ったとしても、心から納得していると思いますか?

私が新規システム開発を手がけていたときのことです。プログラムのテストをしていた部下に、「どう? 予定通り進んでる?」と聞いたところ、「順調ですよ」と答えました。

このとき、私は部下の言葉だけではなく、顔の表情や声のトーンなどから、いつもと違う様子を察したのです。

そこで私は、「順調ならばいいけど、何か気になるようなところがあれば言ってね。ギリギリで問題が起こったら、なかなかフォローできないけど、今の段階なら、皆で解決できるよ」と声をかけてみました。

すると、部下が正直に現状を伝えてくれました。部下は、そのときすでに不具合が発生していることを把握していたものの、その原因がわからず進捗が遅れていたのですが、その原因さえつかめば連休明けにはなんとか挽回できると思っていたようです。

部下の顔も見ず、そのままの言葉を鵜呑みにしていれば、部下の様子がおかしいことに気づけていなかったはずです。部下の気持ちを観なければ、大変な事態を引き起こしたか

PART 2 「観る」力

もしれず、リーダーである私の大きな責任にもなるところでした。

私も部下の立場だったときは、思うように仕事が進んでいないということを、リーダーに正直に言うことができませんでした。無能だと思われるのがとても嫌だったのです。

また、一度任された仕事は最後まで1人でやりきるものだと思っていました。だから、何を聞かれても「大丈夫です」「平気です」「順調です」。それで、遅くまで毎日会社に残って仕事をしていました。寝不足でふらふらだったこともありましたが、そんな私の様子に気づいてくれるリーダーはほとんどいませんでした。

もちろん、気づいてくれたリーダーもいます。

「本当に大丈夫か？　なんだかいつもより元気がないように見えるけど。不安なところはないか？　今後のスケジュールの調整もしたいから、現状を把握しておこう」

このように言ってくれると、「私のことを観てくれて、気遣ってくれているんだ」とホッとして、このリーダーには正直に打ち明けやすくなりました。

あるｗｅｂ制作会社のお客様から、ご相談がありました。率先して仕事をし、何かあればすぐ報告をしてくれる部下が大きな失敗をして退職することになったというのです。

その部下は、頼まれるとすぐ仕事を引き受けていたので、負担も大きく、次第に小さなミスが増えてきたのです。周囲は、「よくミスするなぁ」と気づいていたのに、上司はまったく気がついていなかったのでした。上司が気づいたときには、数千万円の損失で手遅れだったそうです。

このように、上司に報告・相談できない部下は多いのです。ですから、リーダーは部下の今の気持ちを観て、日頃の言動との違いに気づく必要があるのです。

人は、自分のことを理解してくれようとしない人には、なかなか心を開けないものです。しかし、相手が自分のことを気にかけてくれていることがわかると、その人には心を開きます。

本当はどう思っているのか、何を考えているのかというのは、口にしなくても行動を通して伝わるものです。それには、日頃の観察力が必要になります。

部下の気持ちは、顔の表情、目の動き、声のトーンなどから観ることができます。普段から言葉だけに頼りすぎないように、相手の気持ちも観るようにしましょう。

LESSON 03

「いつも○○だね」

部下の現在地を観る

リーダーは、部下に仕事をさせたらさせっぱなし、やらせっぱなしというわけにはいけません。部下に仕事の成果や影響などをフィードバックするのも、リーダーの大切な仕事です。

部下がやったことは、組織にとってどういう影響があったのか、部下の仕事のやり方は上の立場の人からどう見られているのかなどをしっかり観て、伝えるのです。これがフィードバックです。

部下は、フィードバックがあるからこそ自分が今いる場所がわかり、どこに向かっていけばいいのかなど、修正しながら進んでいけるのです。

つまり、**フィードバックは、「自分の現在地」を知らせる行為**です。

ただ、フィードバックのやり方を間違えているリーダーはとても多いようです。

フィードバックは、やり方を間違えると部下のやる気をなくし、成長を止めることになります。


「君は、いつも時間にルーズだよね」

「なんだか最近やる気がないね。大丈夫？」

「君の書類は、いつも見づらいね」

あなたは普段、部下にこんなフィードバックをしていないでしょうか？

このような主観的な判断に基づくフィードバックは、部下のやる気を削ぎます。**成長のためには効果的とは言えません**。

このようなフィードバックを言われたら、相手は、

「いつもって、いつのことだよ」

「やる気がないってなんだよ。こっちだってがんばっているのに……」

「見づらいって、誰が言っていたんだよ」

と、心の中で反発心が芽生えます。

繰り返しますが、主観的な判断では、人の心を前向きに動かすことはできません。**フィードバックは、「客観的な事実」を見て述べる**ことが前提です。

「有村さん、昨日、会議に5分ほど遅れてきたよね。先週も、2回ほど朝礼に間に合ってなかったみたいだけど……」

「日報を読ませてもらっているけど、今月はコール数が先月と比べて半分ほど減っているよ」

「君の作ってくれる書類なんだけどね。章の分け方について、他部署の田中さんから質問が出たのだけど」

このように、見たままの行動や、起こったことをそのまま伝えるのがフィードバックの本来の姿です。

研修中、受講生に「あなたの話し方のクセは、〇〇です」と現状を伝えると、「今まで、誰も教えてくれませんでした」とよく言われます。自分のクセは、誰かに言われなければわからないものです。知っていてそのままにしておくのは自己責任ですが、本人が気づいていないために、苦労しているケースも多いものです。

フィードバックにより、自分の行動や仕事が周りにどんな影響を及ぼしているのか、どんな効果を与えているのかということを客観的に知ることができます。そして、もし悪いことだと思えば、人は自ずと改善しようと思うものです。また、よいことだと思えば、さらにその点を伸ばしていくのです。

リーダーは、主観的な判断を交えず、相手の行動や実際に生じた影響などをそのまま言葉にして伝えましょう。そのために「観る」力が必要なのです。

LESSON 04

「いいね！」

褒めるには行動を観る

人は、褒められるとうれしいものです。自分の存在や価値が認められていると思うと、人はやる気が上がりますし、仕事の成果も上がります。

しかし、「部下を褒めたらいいというのはわかるけど、特に褒めるところもないし……」というリーダーは少なくありません。

かく言う私も、かつては部下を褒めることをしないリーダーでした。

1章7項の例のように、部下がせっかく言ってくれた意見に対して、褒めるどころか間違いだと否定していたくらいです。むしろ、「意見を言うのは当たり前。褒めるほどのことでもない」と思っていました。

人を育てるには褒めることも大切、というのはなんとなくわかっていましたが、もともとお世辞など言える性格ではありませんし、嘘を言ったらすぐ顔に出ます。というわけで、部下を褒めることなど、ほぼなかったのです。

私がかつていた会社は、離職率がとても高く、入社してもすぐ辞める部下が多かったのですが、当時はその理由がわかっていませんでした。むしろ、辛抱のないわがまま社員だと思っていました。

今ではその理由がわかります。叱ったり怒ったりすることはあっても、褒めてあげることなどしていなかったのですから、やる気をなくして当たり前です。

「褒める」ことと「お世辞を言う」ことは違います。思ってもいないお世辞ほど逆効果なものはありません。また、褒めたはずなのに、不愉快な思いをさせることもあります。

では、部下を褒めるときは、どういう点を褒めるのがいいのでしょうか？

一番伝わる褒め言葉は、「見たままの行動」を伝えることだと、私は思っています。そのためには、相手の行動をしっかり観ていなければ褒めることはできません。

先ほどの例で言えば、「その意見、いいね」ではなく、「『年末の挨拶でお客様に配るアイテムは、使い捨てカイロがいい』という意見なんだね。今までにこんな意見を出した人はいなかった」と言えばいいのです。つまり、「今までに誰も出さなかった意見をあなたは出した」という行動を伝えているだけで効果があるのです。

「○○さんは気がきくね」ではなく、「玄関の花をいつも替えてくれてるのは、○○さんだよね。今日、△△商事の社長の奥様が来られて、いつも素敵なお花を飾られてるんですねって、感心していたよ」と伝えます。

ここでは、「花を替えている」という行動を伝えています。おまけに、奥様が感心していたということもポイントです。第三者が感心していたというのは効果大です。「いい」「よくない」という判断は、とても主観的です。そこに自分自身の価値観や判断基準が大きく入っています。褒めたい思いを伝えたいのであれば、「相手の行動（考え）」を観て、そのままを伝えましょう。

ただし、**忘れてはいけないのは、それは受け手の解釈次第だということです**。要は、自分は褒めているつもりでも、相手が褒められたと思わなければ意味がないのです。相手が

必要です。「褒められた」と感じ、気分がプラスになっていい仕事をしてくれる褒め方をすることが

フェイスブックをされている方ならご存じでしょうが、「いいね！」という表現。流行もあるのでしょうが、「それすごくいいと思うよ」「いいんじゃない」と、気軽に「いい」という言葉を使って、人を褒める人が多くなってきました。しかし、この「いいね」という表現は、褒め言葉としてはそんなに効果的ではありません。

フェイスブックでの「いいね！」は、「記事を読んだよ」という程度の意味合いも含みますが、実際に部下に向かって「それいいと思うよ」と言った場合、相手を批評していることになるのです。

部下からいいかどうか判断を迫られているときや、リーダーがあえて批評するために言っているのであれば問題はありません。しかし、褒めるつもりで言ったのなら、話は別です。

「いいと思う」は、褒め言葉ではありません。上から目線の評価・批評の言葉です。言われたほうからすれば、「あなたにいいとか悪いとか、評価されたくない」と思うかもしれません。これが、「受け手の解釈次第」ということです。

LESSON 05

「否定ばかりするな！」

相手の個性を観る

「否定ばかりしてないで、少しは対策を考えてみろ！」

あなたの周囲に、常に否定的な発言をする人はいませんか？

よく、管理職の方からこんな相談を受けることがあります。

「部下の中に、何をするにも反対や反論ばかりするやつがいて、困っているんですよ。皆でいい雰囲気で仕事をしようと思っているのに、いつもぶち壊しになる。どうしたらいいのですか？」

このような話を聞くたびに、私はこう答えます。

「へえ、その方は職場にとって、とても貴重な存在ですね」

すると、ほとんどの方はきょとんとした表情をし、「え？」と言います。

反対意見ばかりを言う人。あなたからしたら、一見、そういった人は扱いづらいかもしれません。

しかし、考えてみてください。その人は、他の人が気づいていない点をしっかり観察できているのです。皆と違う視点で指摘をしてくれるのです。自分が悪者になっても、リスクやマイナス面を伝えてくれる人なのです。

否定的な意見を言う人を「悪者」と考えるのではなく、「人が気づかないことを言ってくれる貴重な存在」と捉えることです。その人の個性を活かすほうが、チームにとって非常にプラスになっていくのです。

否定的なことや、言うと嫌われることを、あえて言ってくれる人は貴重です。相手がいいことしか言わないようでは、あなたは「はだかの王様」状態です。

そこで、リスクや危機になることを率先して発見する役割を任せることもできます。結果として、ある会社では、リスクや危機の回避により経費が半年で1割削減されたとのことです。

あるいは、常におしゃべりで、意見は言いっぱなしで行動力が伴わない人の場合は、具体的な行動計画を立てることを別の人が中心となるよう任せましょう。

部下一人ひとりをよく観れば、個性がたくさん潜んでいます。「能力が低い」「どうしようもないなぁ」と思わず、それぞれの個性が発揮できるようにリーダーが導いていきましょう。

一般的によく言われる長所や短所、強みや弱みは、実は主観的な判断での評価に過ぎません。「頑固」は、別の見方をすれば「信念を持っている」と言えます。「消極的」は、別の見方では「思慮深くて慎重」です。長所も短所も、強みも弱みも、捉え方次第で変わるのです。

たいてい、人は主観を客観のように語ります。主観は、伝える側の評価・判断・感じ方・偏見・思い込みです。客観は事実・事例・数値として、万人共通に認識されるものです。あなたが「君は頑固なのが短所だ」「あなたの弱みは消極的なところだ」と、主観的な評価・判断をしていては、部下の個性を殺してしまうことになります。

あるのは個性、つまり、その人特有の性質や特徴だけです。「いい・悪い」のような二極化で考えるのではなく、もう一度、相手の個性として観てください。

相手をうまく活かせるかどうかは、あなたの腕次第です。「あいつはだめな部下だ」などと言いふらしているようでは、**あなた自身が「自分はだめなリーダー」だと言いふらしているようなもの**です。

1章7項の「使い捨てカイロがいい」と言った部下の例で言えば、自分の考えに反論した悪者と考えず、個性として把握して活かすことができていたら、部下もリーダーもさらに成長できていたことでしょう。

私自身も、否定的な発言ばかりする部下でした。たとえ嫌がられても、おかしいことはおかしいと言おう、後できっとわかってもらえる、そう信じていましたが、多くの人にはわかってはもらえませんでした。

しかし、あるリーダーは私のそんな発言を個性として見てくれ、私の意見を聴いてくれていたのです。そうすると、自信を持ってどんな意見でも言うことができました。

相手をよく観て、個性を把握し、活かしていくこともリーダーの役割です。

LESSON 06

「なんで、こんなやつが部下なんだ？」

部下の可能性を観る

「なんで、こんなやつが自分の部下なんだ」とぼやくことありませんか？

一方で、部下も同様に、「なんでこんなやつが自分のリーダーなんだよ」とぼやいているのです。仕事上、両者から話を個別に聴くことがありますが、まったく同じことを言っていました。

部下をよく観ると、得意なこと、苦手なこと、成功したこと、失敗したことなど、いろいろな面が観えてきます。そのすべてが、「部下の個性」です。

この個性をどう職場で活かせばいいか、考えたことはありますか？

今はできていないことも、リーダーの部下の活かし方次第で、できるように導くことができるのです。

逆に、だめなリーダーは、部下の個性を活かすどころか、どんどんつぶしていきます。

私「野田さん、なんで、いつも計算ミスが多いの？　こっちの入力ミスかと思ってチェックするから二度どころか三度手間なんだよね。他の人の帰りも遅くなるし」

部下「気をつけます……」

私「いつも気をつけますって言うけど、全然気をつけていないじゃない」

営業部の野田さんは、営業で外回りをしていることがほとんど。夜遅く事務所に戻って、売上伝票を記載していたせいもあり、合計金額の計算間違いが頻繁でした。

管理部の者が、その伝票を元にパソコン入力し、入力合計額と伝票の合計額が一致しているかどうか入力ミスをチェックしていたのです。しかし、手書き伝票の合計額のミスが多く、管理部では余分な仕事になっている状況だったのです。

私は、伝票のミスのことしか頭にはなく、野田さんの仕事への理解が一切ありませんでした。管理部の仕事の効率にしか考えが及んでいない、あるときのことです。

社長「営業部の野田さんは、すごい！　あの年齢で大口の仕事をとってきたぞ」

私「え？　そうなんですか？」

このとき、やっと私は、野田さんは営業ができる人なんだと気づいたのです。そう言えば、担当者別の売上利益のランキングは上位だったことも改めて思い出したのでした。

そこで私は、外回りから戻ってきた後、事務作業で夜遅くまで内勤させず、営業がしやすいように協力したほうが、野田さんはもっとのびのびと営業ができると考えたのです。

私「ちょっと、江川さん！　野田さんの伝票は、合計欄を必ず1回集計してから、データ入力してもらえる？」

部下「はい」

私「野田さんには、集計のことを気にかけるより、稼ぎに回ってもらったほうがいいから、そこの伝票欄は必ず先に入力前にチェックして」

野田さんの営業力はもっと活かせる！　そのためには、何をすればいいのか？

それを考えたときに、伝票の集計の確実性に労力を費やすより、営業に労力を費やしてもらうほうが野田さんのためにもなるし、会社のためにもなるということに気がついたのです。また、伝票の集計は、計算が早くて正確な江川さんに、任せることにしました。

それから、後日のこと。

社長「野田さんが大口契約を2件とってきたぞ！　俺の現役時代より、すごいぞ！」

私は、野田さんの営業力の「可能性」を見い出しました。そこで、普段から慎重に仕事をこなす江川さんを、野田さんのサポートにつかせました。結果として私は、同時に2人の可能性を見つけることができたのです。

「観る力」を磨き、部下の個性を活かせば、部下の可能性はどんどん広がっていきます。するとと、「なんでこんなやつが部下なんだ?」という思いから、「期待以上に動いてくれる部下」に変わってくるのです。

PART 2 まとめ

【「観る」力】

「間違い」か「違い」かを観る

顔の表情、声のトーンなどから気持ちも観る

客観的に観る

行動を観る

個性として観る

可能性として観る

PART 3

「話す」力

部下にきちんと伝わる「話す」力

LESSON 01

「ちゃんと聞いていなかったの？」

すべての責任を背負って話す

あなたの部下は、話を聴く力や理解をする力がすぐれていますか？

リーダー「森さん、昨日お願いした会議用の資料できた？」
部下「ええ、今、人数分印刷しているところです」
リーダー「できた資料1部、先に見せてくれる？」
部下「はい。これです」
リーダー「え？　なんでT社の資料だけなの？」
部下「なんでって……、昨日、そう指示されましたから……」
リーダー「私は、そんなこと言ってないよ。私が作れと言ったのは、杉本さんの担当全部だよ。特にS社の売掛金の残が多いから、遅延の資料も必要だと言ったじゃない。まさか、S社の資料は作っていないの？」

部下「え、えぇ？　だってT社だと聞いていたもので……」

リーダー「T社は売上が落ちているだけで、遅延はないよね。遅延の資料って言ったの、聞いてなかったの？　この忙しいときに無駄な資料を作って……」

1章1項でも出てきた、リーダーと部下の「言った・言わない論争」。私も、「人の話をちゃんと聴け！」と、部下を叱ったり、あるいは、話を聴かない部下や理解力のない部下に、いつもイライラしていました。

これは、**相手は聴く力や理解する力がすぐれているはずという期待が裏切られたために、イライラしている**ということです。相手の聴く力・理解する力に期待しなければ、できなくて当然なので、イラつくこともありません。

5歳児に、初めておつかいを頼んだとき、その買い物ができなかったからといってイライラすることはありませんよね。それは、はなから大きな期待をしていないからです。

「部下は仕事ができる」と信頼することはとても大切です。しかし、相手の傾聴力や理解力は期待できないと思ってください。相手のコミュニケーションスキルに頼りすぎると、リーダーの「つもり病」を発症させるのです。

傾聴力に期待できない部下にも話を聴かせるためには、あなた自身が部下に聴いてもらえるように意識することです。ただ思いつきでだらだらと話をしているだけで、聴き手が最後まで耳を傾けるでしょうか？

私は学生の頃、朝礼中にしょっちゅう倒れていました。念のために言っておきますが、特に貧血というわけではありません。校長先生や教頭先生の話が長くて、頭の中で「何が言いたいんだろう？　具合が悪いので、早く終わらないかな」などと考えていて、先生の話はまったく耳には入っていませんでした。

どんなにいい話でも、長くなると途中から聴くことができなくなるのです。そのうちに意識が遠のき、バタッと倒れてしまうのです。

倒れるというのは極端な例ですが、**どんなに素晴らしい話でも、聴かれなければ意味がありません。**

自分が話しているときに、相手があいづちを打ってくれている場合もあるでしょう。**相手がうなずいているから、聴いていると思ったら大きな勘違い**です。首だけならいくらでも縦に振ることができます。

聴く人が耳を傾け、そして容易に理解できるように話をしなければ、相手には伝わりません。まずは、普段のあなたの話の長さを考えてみてください。人と話をするとき、時間を気にせず、ダラダラと話をしていないでしょうか？

研修中に、なぜ話が長いのかと問うと必ず返ってくるセリフが、「相手が理解できるよう丁寧に説明しようとして、あれもこれも話すので、つい長くなってしまう」というものです。

しかし、これは逆効果です。話は長くなればなるほど聴かれず、相手が心ここにあらずになって理解されません。

すべては話し手の責任です。聴き手が話を整理するのではなく、話し手が話を整理するのです。あなたの伝えたいことが相手に伝わり、あなたの期待以上に動いてもらうためにも、「話す」力をもっと磨きましょう。

LESSON 02

「言ったつもりです」

最初にタイトルを宣言して話す

私が、ある会社のコンサルティングに関わったときのことです。管理職30名に会社の問題点を聞き出したところ、驚くことに「社長が方向性を示していない。どこに向かっているのかわからない」と全員が言うのです。

そこで、社長に「まずは方向性を示しましょう」と言うと、彼は、すごい剣幕で怒り出しました。「方向性は示しているし、しっかり伝えている‼」と声を荒げて訴えるのです。続けて、「しかも毎朝、朝礼で唱和させているのに……。もっと唱和の時間を長くしないとだめだな」と言うのです。

多くのリーダーは、よく「皆が同じ方向に向かって仕事をしてもらいたい」と言います。

私が研修などで、「その方向性って、皆さん知っているのでしょうか？」と尋ねると、「伝えています」とお答えになります。

「いつ、その方向性を示したのですか？」と尋ねると、「会議で……」。

「で、伝わっているかどうかはどうやってわかるのですか？」という私の質問の答えには、「言ったつもりです……」と『つもり』が必ずついてきます。

いくらあなたが方向性を示しているといっても、部下が知らないと言っているのであれば、示していないも同然です。

もし、方向性を示したいのであれば、**まずは「方向性はこうする」と、何をこれから言うのか、先に「タイトル（お題）」を宣言する**ことです。

ビジネスにおける話し方の鉄則は、「最初に結論から述べること」です。

たとえば、書店で本を探すとき、タイトルを見ればどんなことが書いてあるのか、大体予測がつきますよね。話すときにも、まず最初にタイトルを宣言すると、相手はどういう内容の話なのか、見当をつけて話を聴くことができます。

「『この意見の問題点』は、経費が予定の倍かかるということだ。Aの部分は……」

「『私の頼みごと』は、この資料の分析だ。S商品の……」

『』の部分が、話のタイトル、つまり結論です。

「深沢さん、T社の売上が落ちてきたって、営業の野田さんが言ってたんだけど。野田さんが結構、イライラしていたみたいよ。ただでさえ、今期の売上が野田さんだけ、あまりよくないみたいだから。その中でもT社は、野田さんの担当ではいつも一番売り上げていたところでしょ。これまでT社だけは、かろうじて売上が下がることなかったもんね。
ところで、本題！　作ってほしい資料は、野田さんの担当店全部の資料です。資料内容は、2種類で、対前年と遅延。作成期限は明日の夕方まで。その理由は、あさって朝一に営業会議があるから、お願いね」

　話し方の鉄則をまだ身につけていない段階では、このように、雑談の部分はダラダラとしゃべっても構いません。しかし、本題に入るときには、「本題！」と結論を宣言してから、結論の内容を伝えるようにします。

　この「本題」の内容は、「作ってほしい資料は（中略）あさって朝一に営業会議があるから」の部分です。そして、４つの結論（タイトル）、「作ってほしい資料」「資料内容」「作成期限」「その理由」が存在しています。たとえば、この「作ってほしい資料」というタイトルを宣言することで、聴き手はそれが「野田さんの担当店全部の資料」だとわかりやすく聴けるのです。

自分の話にタイトルをつけるのが難しい場合は、「何が言いたいのか、自分でも整理ができていない」と言えます。相手にストレスを与えるような迷惑な話し方はやめましょう。自分の言いたいことが整理できていれば、タイトルをつけることは簡単なはずです。

一言一言、何について語るのかを事前に伝えることで、相手は聴く心構えができ、話をひもづけながら聴くので、より理解しやすくなるのです。

聴き手に伝わっていなければ、「言ったつもり」でしかなく、相手は期待以上どころか、まったく違った行動をすることになるのです。まず最初に、これから何を言うのかタイトルを宣言して、相手が聴く心構えができるようにしましょう。

LESSON 03

「融通がきかないやつだな」

指示命令は意味づけをして話す

部下に指示命令する際、あなたの心の中には「何のために言っているのか、自分で考えて察しろ！」という気持ちがあるかもしれません。ですが、あなたの考えや気持ちを察するほど、多くの部下は有能ではありません。

部下からすれば、言われた通りのことをまじめに実行しているのに、予定外のことが起きた際に、

「それくらい機転をきかせてよ。融通がきかないやつだな」

「マニュアル人間だな……。書いていないことはできないの？」

などと言われてしまっては、納得できないのも当然でしょう。何のための指示命令なのかを聴かされず、「あれしろ、これしろ」と言われても、行動できるわけがありません。

リーダーは、指示命令をする前に、まず「目的」と「目標」を明確に、相手に伝える必要があります。

ところで、目的と目標の違いをご存じでしょうか？

目的は「何のために」。

目標は「どうする」（終了後にどうなっている）。

部下を成長させることができないリーダーというのは、**目標は伝えても目的まで伝えていない人が少なくありません**。

目的をしっかり理解していると、諸条件・環境が変わっても、それに対応しようと考え、行動を変えることができます。

ある販促グッズの営業をしている会社の泉課長は、部下に「この15枚の書類を30部ずつコピーしておいてくれ」と頼み、会議に参加。会議から席に戻ると、先ほど頼んだコピーが、ホチキス止めもしていない状態で、ボンと机に置かれていたそうです。

「ちゃんと揃えてホチキスで留めておいてくれよ！　気がきかないやつだな」と、つい、ぼそっと言ったところ、部下は「言われた通りに仕事しましたけど、揃えてホチキス留めをしろとは指示されていません」と顔を赤くして言ってきたというのです。

確かに、部下からしたら「コピーをしろ」と言われたから、言われた通りのことはこなしているだけです。ある意味、何も間違っていません。

そこで、私は、「あなたが、部下に期待したことは、依頼した資料がホチキス留めされていることでしょう。ここでもし、何のためにという目的が部下に伝わっていれば、スムーズに物事を運ぶように計画ができたはずですよね」と泉課長に言ったのです。

「○○社で、管理職30人へ向けて今日プレゼンすることになってね。この15枚の書類を、1人ずつに配布するから30部ずつコピーしてくれない？　3時にはここを出たいんだ」

このように課長が伝えたら、その部下の方はどう行動したでしょうか？

部下は、「○○社と言えば、うちの主要の取引先だったな」と考え、

「2時45分までに、1部ずつホッチキス留めで、クリアファイルに各1部入れて準備すればよろしいでしょうか？」

と、発展的な作業の確認できたかもしれません。

ちなみに、ここでの目的は「15枚の書類を1人ずつ配布するため」、目標は「30部ずつコピーしておく」ということです。

部下は、**目的の意味づけがないために、リーダーの指示された言葉通りにしか行動ができない**のです。

部下に自分で考え、行動してほしいのなら、目的を明確にして伝えることを怠らないことです。次第に相手はあなたのことを理解するようになっていきます。あなたが理想とする、いわゆる「かゆいところに手が届く」行動もできてくるようになるはずです。つまり、目的の意味を考えることで、次にどうすればいいのかを考えて動く部下が育つのです。

LESSON 04

「こんな当たり前のこともわからないのか?」

テレパシーは存在しない。思いを話す

自分の思いを、言葉にして伝えていますか?

自分が体験したことは、きっと他人も同じように体験し、自分が感じていることはきっと他人も感じている。そのように思っていませんか?

ぎくしゃくした人間関係はたいてい、こうした「自分の気持ちは相手もわかってくれる」という思い込みから生まれます。

私たち日本人は、気持ちを言葉にせず、つい「お察しください」という雰囲気を作ってしまいます。しかし、相手とは育った環境も仕事をしてきた環境も違うのです。何も聴かずに察することなど、できません。テレパシー(以心伝心)は存在しないのです。

「なんで、こんな当たり前のこともわからないのか？」

「なぜ、こんなこともできないのか？」

私もかつて、できない部下にこのような憤りを感じていました。

しかし、何度言ってもできない部下が悪いのではなく、私の伝え方に原因があるのだと気づいたのは、社長の一言でした。

「沖本さんの思いは、言葉にしないと誰もわからないよ。ちゃんと声にして話しなさい」

私の憤りは、できると思ったのにできていない部下への期待と現状のギャップによるものでした。

私は、相手に期待しているという自分の気持ちを口にしてみました。

「君なら、この伝票を1日3冊は処理できると期待してるよ」

あなたがリーダーからそんな期待されているような言葉を投げかけられたら、どうでしょうか。「なぜ、こんなに処理が遅いんだ」と言われるのと比べて、どちらがやる気になるかは、明白だと思います。

たとえば、このような場合はどうでしょうか。前日に大失敗をしてしまった同僚。きっと落ち込んでいるだろうから励ましたいと思い、「元気出せよな！」と声をかけたとしましょう。あなたが言われた立場になってみると、どうでしょうか？

元気になる人もいるでしょうが、「元気出せよ」と命令されて、むしろ元気をなくす人もいるかもしれません。昨日のことは十分反省し、前向きになって元気よく挨拶したのにもかかわらず、あなたのたった一言でやる気が失せてしまうかもしれません。

本当は同僚のことを気遣ったのに、逆に同僚のやる気を削いでしまうこともあるのです。

こんなときは、「昨日のことで今日は元気がないかと思って心配したけど、大丈夫？」と自分が心配している気持ちを言葉にして伝えます。

私たちは、言葉で100％相手に伝えることがなかなかできません。そして、言われたほうも100％は理解できません。それなのに、相手はわかってくれているだろうと思い、自分の気持ちを言葉にしないでいると、ますます相手には伝わりません。「気持ちを察してくれ」ではなく、しっかりと気持ちを言葉で表わしましょう。

また、「やる気を出せ」などという抽象的な伝え方も変えてみる必要があります。

たとえば、「勤務態度を変えろ」とだけ言うよりも、「社内の雰囲気を明るく元気に変えていきたいんだ。元気よく挨拶をしたり、遅刻を少なくして、勤務態度から変えていこう！」と伝えればいいのです。

「社内の雰囲気を明るく元気に変えていきたい」という自分の気持ちがあるのとないのとでは、部下に伝わるものが大きく異なります。あなたの期待や心配している思いを言葉にし、部下に伝えることで、あなたの意図を十分に伝えることができるのです。

LESSON 05

「(あなたは)○○するべきだ」

改善は「私メッセージ」で話す

人に何か改善してほしいことがあるとき、あなたはどのように伝えていますか?

「(あなたは)こんなところに書類を出しっぱなしにしないで、引き出しに片づけろ!」

「(あなたは)会議の開始時間、5分前には席についておくべきだろう!」

このような、「(あなたは)○○しろ」「(あなたは)○○するべきだ」のような伝え方を、「**あなたメッセージ**」と言います。主語が「あなた」になることからです。

普段、職場でのコミュニケーションにおいて、このような「あなたメッセージ」を使っているリーダーはとても多いのです。

「あなたメッセージ」は、強制や命令のメッセージです。「あなたメッセージ」に対する答えは、「YES」か「NO」かの2通りです。つまり、従うか、従わないか、です。

リーダーに「あなたメッセージ」で言われたら、多くの部下は黙ってその通りにするしかありません。受け入れたくなくても、仕方なく動きます。

ですから、このメッセージからは、独創性も自主性も生まれません。**「あなたメッセージ」の多い職場では、言われたことしかやらなくなる「依存型人間」が量産されます。**

「あなたメッセージ」では、人は自らの気持ちで動かないのです。


では、自らの気持ちで考えて動くメッセージの伝え方とは、どのような伝え方でしょうか？「あなたメッセージ」の逆の伝え方、それが「**私メッセージ**」です。

「あなたメッセージ」の主語が「あなた」なのに対して、「私メッセージ」は、「私」を主語にして伝えます。「私はこう思う」「私にはこう見える」のような伝え方です。

「こんなところに書類を出しっぱなしにされていると、（私は）とても困るなあ。大事なものをしっかり注意して管理してくれると、（私は）うれしいんだけどね」

「（あなたは）○○しろ！」という「あなたメッセージ」に対し、「私メッセージ」は自分の思いを伝えるだけですから、強制も命令もありません。むしろ相手への尊重が見られる伝え方です。

主語は「私」ですから、伝えた人がそう思ったり感じたことは真実であり、第三者がとやかく言うことではないのです。

「私メッセージ」で言われると、相手は強制や命令をされていると感じることなく、「そうだ、書類はきちんと管理しないとな」と、自主性を持って行動するようになります。さらに、ファイル整理の仕方など、独自で考えて工夫するようになります。

「私メッセージ」は、相手の自主性と独創性を促すことができる伝え方なのです。

「あなたはプレゼンのとき、右手をもっと大きく振ったほうがいいよ」

「あなたのプレゼンは、右手をもっと大きく振ると理解しやすいと、私は思ったよ」

さて、部下は、前者の「あなたメッセージ」と後者の「私メッセージ」のどちらが、言われて素直に受け入れてくれると思いますか？

また、「私たちメッセージ」という伝え方もあります。チームや組織単位で、相手の言動や仕事がどう見えたのか、どう影響したのかを伝えるやり方です。

「私たちは、あなたの入会を歓迎しています」

広告などでよく使われている言葉ですね。相手が入会したくなるように使われています。「私メッセージ」より単位が大きくなるので、メッセージを受け取る側の重みや深みも増します。

相手の気持ちが前向きに動きやすい「私メッセージ」を活用して、「話す」力をさらに磨きましょう。

LESSON 06

「○○で、○○で、○○で……」

言葉の脂肪を削いでコンパクトに話す

コミュニケーションを荷物の受け渡しに例えてみましょう。話し手が渡す人で、聴き手が受け取る人です。

渡す人が持てる荷物の量と、受け取る人が持てる荷物の量は、まったく違います。

私は腰椎椎間板ヘルニアになったことがあるのですが、この病気になると大きな重いものを持つことができません。荷物はなるべく小さく軽くしてもらわないと、受け取ることができないのです。

これと同じで、**受け取る人（＝聴き手）の容量は、渡す人（＝話し手）に比べて、とても小さく軽い**のだということを、理解しておきましょう。

コミュニケーションは相手への思いやりです。話は、受け取る側（聴き手）の容量に合わせて、小さくコンパクトにして渡さないと、受け取ることができません。多くの人はそれを理解しないまま、「これぐらい受け取れるだろう」という勝手な思い込みから、大きな荷物を渡しています。

リーダー「売上の目標達成がなかなかできない状況だと思うので、目標を達成させるために、全員で一丸となって解決策を考えようと思うんだが、今度の会議では1人持ち時間10分で、全員新商品のキャンペーンについて提案してもらおうと思うから、アイデアを事前に1人5個は考えておくように」

どうですか？　これで相手が話を理解できるように伝わっていると思いますか？
文章にして見ると、1文が長いなぁとすぐわかるでしょう。しかし、多くの方が気づかないまま、このような話し方をしています。テレビのアナウンサーやコメンテーターさえ、このように話しています。
「○○で、○○で、○○で、○○で、○○です」と1文がやたらに長い会話をよく耳にしていませんか？
大きな荷物をヘルニアの人に持たせようとしているわけです。

句読点がない文章を読むのは、けっこう苦痛です。わかりやすい文章の書き手は、読む人のことを考えて細かく「、」や「。」などの句読点を入れて文章を書きます。

話をするときも同じように、細かく句読点を入れて話すことです。すると、大きな荷物を小分けした形になるのです。特に、1文をできるだけ短く、「。」で区切って話すようにしましょう（詳しくは拙著『出るのが楽しくなる！　会議の鉄則』（マガジンハウス））。

リーダー「売上の目標達成がなかなかできない状況だと思う。そこで、目標を達成させるために、全員で一丸となって解決策を考えよう。だから、今度の会議では1人持ち時間10分で、全員新商品のキャンペーンについて提案してもらう。そのため、アイデアを事前に1人5個は考えておくように」

1文を短く切ることで、言葉の荷物が小さく軽く運びやすくなります。

また、「思います」がやたら言葉の中に繰り返される人も少なくありません。これは、贅肉の脂肪分です。同じ言葉を繰り返さないように無駄な言葉をそぎ落とし、すっきり言葉のダイエットをしましょう。

もし、「思います」を使ったら、次は、「考えています」「感じています」と別の言葉に置き換えると、聴き手は余分だとは感じません。すると、聴き手は断然聴きやすく、理解もしやすくなります。

ちなみに、腰椎椎間板ヘルニアは、私が会社員時代、長々と話すリーダーの多い会議に連日出席させられていたため、患いました。

リーダーの長い話は、部下にとって大きなストレスです。身体にまで影響を及ぼすこともありますので、要注意です。

PART 3 まとめ

【「話す」力】

話し手が話を整理してまとめて話す

タイトルを宣言して話す

指示・依頼時は、何のためかも話す

「気持ち」は言葉で話す

「私メッセージ」で話す

句読点を入れて話す

PART

4

「聴く」力

部下が本音を話し出す「聴く」力

LESSON 01

「なるほど、なるほど！」

聴いている姿勢を「見える化」して聴く

コミュニケーションに関する専門家は、必ずと言っていいほど「聴く」ことの大切さに触れます。営業研修、コミュニケーションスキル研修などで、傾聴スキルの重要性を聞いたことがありませんか？

人間は、誰しも、人から見てもらいたい、関心を持ってもらいたい、認められたいという気持ちがあります。私たちは人から嫌われるより、無視をされることに最大の恐れを感じるのです。話を聴いてもらえないということは無視をされることと同じようなことです。

その点、リーダーの話を聴くという行為は、「リーダーに認められている」「リーダーに受け止められている」というメッセージで捉えられます。

「自分のことを認めてくれている」と思うと、人は心を開きやすくなります。自分の話に真剣に耳を傾けてくれている、そういうリーダーがいる場所では、自分の存在を認めてくれていると感じるので、人の働く意欲は増すものです。

では、聴いてもらえているというのはどういうところで判断するのでしょうか？

研修中に「人の話を聴かないでください」というワークをすると、聴かない方法のレクチャーはまったくしていないのに、不思議なことに必ず、受講者は全員が「相手の顔を見ない」「目を合わさない」「下を向くか、よそを見る」ということを行ないます。これは不思議です。「聴く」のは「耳」なのに、なぜか「目」をそらすんですよね。

つまり、言い換えれば、**私たちは「目」で聴いているのです**。

「聴かない」というワークの後に、「では、どうやったら聴かれていると思いますか？」という質問をすると、必ず最初に出てくる言葉が「相手の目を見る」「相手のほうを向く」なのです。

「聴」という文字は「耳」に「+（プラス）」「目」と「心」と書きます。つまり、〝目と心で聴く〟ということです。

PART 4 ⑦ 「聴く」力

「聞」という文字は、門構えの中に「耳」と書きます。つまり、門の中にある閉ざされている耳なので、あまり届かないのです。

そのため、「聞く」は、相手の話が音として耳に入ってくることと相手に尋ねることが混在するときに使います。だから、しっかり話を「きく」という文字は「聴」の字をあえて使っているのです。

また、話を聴くとき、首の動き（うなずき）もとても大切です。

自分の話を、首をまったく動かさずに聴かれているところを想像してみてください。とても人に話を聴いてもらっているという感じがしません。ロボットか置物に話しかけているようで、話す気が失せると思います。

しかし、単純に首を動かし、うなずきながら話を聴けばいいのかというと、そうではありません。相手が熱心にうなずいていても、話を聴いてもらっている感じがしないときというのは、多々あります。

たまに、浅くて速いうなずき、「なるほど、なるほど！」と頻繁に繰り返すような人がいますが、それでは話を聴き流しているような印象を与えてしまいます。

私が相手の話を聴いていることを示すために工夫したことは、今、行なっている動作をいったん止め、「ながら聴き」をしないようにするということです。相手のほうに自分の体を向けて、相手の目を温かく見ます（ここで決して、にらみをきかすようなことはしないように）。

そして、顔は、できるだけやさしい笑顔で、「あなたの話を、じっくりと聴きますよ。何でも話していいんですよ」という気持ちで臨みます。つまり、「聴いている」ということを話し手に見せるようにしたのです。

すると、周囲から、「沖本さんって、いつもよく話を聴いているんですね」と言われるようになったのです。

ただし、話を聴いていることを示そうと始終、大げさな動作で話を聴く人がいますが、それはいかにもわざとらしく映るだけですので、注意してください。あくまでも、さりげなく「聴いています」と見せるだけでよいのです。

LESSON 02

「早く言ってよ！」

割り込み禁止で本音を引き出す

人が話し終わっていないのに、相手の話を途中で遮るようなことはしていませんか？
結論から話してほしい、早く本題を話してほしい、話をまとめてから報告に来てほしい……。あなたのその気持ちは、十分にわかります。

部下 「あの、来週の会議なんですけど……」
リーダー 「え？ 来週の会議は、中止になったよ」
部下 「あ、いいえ、そうではなくて、会議の資料を作っていて……」
リーダー 「会議は中止だから、資料は作らなくてもいいのでは？」
部下 「いや、そうではなくって……作っているときに、気……」

リーダー「え？　なに？　もう、話をまとめて早く言ってよ、忙しいのに！」

部下「もういいです……」

このように、話を途中で遮られると、人は話しづらくなります。

聞きにくいことや深刻な悩み、報告しづらいことを話そうとすると、どうしても前置きが長くなってしまいます。せっかく話す気になり、リーダーのもとに行ったのに、「早く言ってよ」「結論から先に言って」などと言われたら、余計に気持ちが重くなります。

また、すべての人が話し上手なわけではありません。特に日本人は、「結論から話す」「簡潔にまとめて述べる」ことに慣れていません。話すのが得意でない人の場合、**本当に話したいことは最後にやっと出てくる可能性が大なのです**。

なかなか口にしづらい様子の部下や、話し下手な部下と話す場合は、あなたもゆっくり時間をかけて話を聴く必要があります。

途中で話を遮るというのは、せっかくエンジンが温まってきたのに、止めてしまうようなものです。つまり、せっかくのやる気を削いでしまうのです。また次の機会に話を聴こうと思っても、相手のエンジンは冷えていて、余計にかかりにくい状態になります。

忙しいときや時間がとれない場合は、その旨を話が始まる前に伝えることです。

「今、ちょっと手が離せないんだ。急ぎでなければ、○時からならゆっくり時間がとれるけど、そのときでもいいかな？」

このように対応することで、相手は、自分の話を聴く気がある人だと解釈してくれます。


また、話が長い部下には、簡潔に結論から述べる話し方も指導していかなくてはいけません。しかし、それは相手の話を最後まで聴き、信頼関係を築いてからです。あなたが話を最後まで聴いてくれるので、話をしようと部下は思うものです。

話を聴くということは、相手の気持ちを受け取るはじめの一歩です。そして、一歩一歩を積み重ねて、やっと部下と信頼関係ができ、部下への指導もより効果的になるのです。

部下「あの、来週の会議の資料を作っているんですけど……」
リーダー「来週の会議の資料？」
部下「はい。問題を見つけました。会議資料を作っていて気がついたんですけど、請求漏れがある取引先を見つけたので、営業に言ったら、来月に請求書を送ってくれと言われました」

相手の話が終わるまでは、決して、自分の考えを発しないことです。こういう話かな？　と思っても先走りしないこと。つまり、途中で口を挟まないで、よく聴くことです。**相手の話を最後までに聴くには、「うなずき」と「あいづち」**です。当たり前だと思われるかもしれませんが、実際にはできていないリーダーが意外と多いのです。

相手の話のリズムに合わせ、首を縦に振り、うなずきます。そして、時々、**「はひふへほ」のあいづち**を行なってみましょう。「はぁ〜」「ひょえ〜」「ふ〜ん」「へ〜」「ほ〜」、そして、「それで？」と相手の話を促すのです。また、あいづちにあわせて、首の振り方も、小さく、大きくと使い分けましょう（ただし、あまり大きく振るとおおげさに感じられますので、注意してください）。

そうすることで、部下は、「あぁ、この人は最後まで話を聴いてくれるんだ！」と感じます。部下は、あなたの姿を見ています。リーダーであるあなたが、話をいつも聴いてくれている姿勢でいれば、**信頼関係も築け、部下が本音や真意を話してくれる**ようになります。

LESSON 03

「要するに、○○ってことでしょ?」

頭と心の中を空にして聴く

人の話を聴くときについやってしまいがちなのが、

◉これはこういうことのはずだと決めつけてしまう

◉話の先を読んでしまう

ということです。

自分と同じ仕事を経験し、同じ場所で働いている部下の話は、どうしても「自分の過去の経験」というフィルターを通して聴いてしまいがちです。

人の話を聴けないのは、心の老化現象でもあると言えます。

「要するに、○○ってことでしょ?」

「そのパターンは、俺も前やった。こうすればいいよ」

このように、話を決めつけるような行為や、先読みを部下に対してやっていないでしょうか？　これは、人の話を聴いているとは言えない状態です。

人の話を「聴く」とは、自分の偏見や思い込みという固定観念を排除して、相手の立場で理解しようとして聴くことです。それは、「知っている」という立場から関わるのと「知らない」という立場から関わるのとでは、まったく違うことになるからです。

まったく知らないことを前提で話を聴くと、相手の表情や声のトーン、言葉に注意深くなり、姿勢も自然に前のめりになります。熱心にあいづちを打って話が聴けたり、相手の言葉を繰り返すことで相手もとても話しやすくなるのです。

一方、「その話は知っている」「以前に自分も経験している」「そんなのはわかっている」という気持ちで、先読みをして意見を述べたり、決めつけて枠を作った考えで聴くと、「自分の話を真剣に受け止めてもらっていない」「軽く捉えられている」と思われ、相手は心を閉ざします。

人は、聴いてくれない人には話さないのです。

また、リーダーがはじめから答えを持って聴くような人であれば、部下はリーダーの答えに納得がいかなくても合わせるようになります。

リーダーと部下の関係に限らず、自分以外の他者との関係を築くうえで大切なことは、「相手と自分はまったく違う」ということを認識して、話を聴くことです。

同じ日本に住んでいて、同じ空間で働いていても、今まで見てきたものも違うし、現在見つめているものも違います。人それぞれ、物事の解釈というのは驚くほど違うものです。

たとえば、「北海道」と言えば「動物園」を連想する人もいるし、いくらやウニなどの「海の幸」を思い浮かべる人もいます。一方、「寒くて過ごしにくい地域」とイメージする人もいれば「絶好の観光地」という人もいます。あるいは面積の広さが頭に思い浮かぶ人もいるでしょう。

ですから、頭の中を空にして、相手の話を聴くのです。

中山　「今、ちょっといいですか?」

リーダー　「いいよ。何?」

中山　「ええ、ちょっと……。今日は朝からずっと……（延々と話が続く）テストを今日このまま続けるかどうか……」

リーダー「そうか……」

とにかく頭の中には相手の話のみをイメージしていきます。自分の体験をそこに重ねません。そのコツは、とにかく、相手に意識を集中して聴くことです。

同じ言葉でも、その意味するところは人によってまったく異なります。いくら似ているようでも、部下の経験は、部下の経験。あなたの経験は、あなたの経験。まったく違うものと理解して、改めて頭と心の中をカラにして相手の話に耳を傾けてみることです。

これは、**リーダーとして、また人としても思考の幅を広げる訓練になります**。

他者の話を通して、新しい解釈や、考え方を身につけられると思えば、部下の話を聴くときも今までとは違った感覚で聴くことができます。

「要するに、自分の体験・経験をイメージせずに聴けることでしょう?」と思った方もいらっしゃるかもしれません。しかし、それこそが「聴けていない」ということです。すでに、あなたの〝過去の経験〟というフィルターを通してしまっているのです。

LESSON 04

「オウム返しをしているだけ?」

行動のキーワードを繰り返して聴く

話を聴く技術のひとつに、「オウム返し」というものがあります。相手の話した言葉をそのまま繰り返すだけで、相手は、「自分の話を聴いてくれている」と感じる、というわけです。

日常的に実践している方もいらっしゃるかもしれませんが、この「オウム返し」は、本当に有効でしょうか?

オウム返しの「オウム」とは、言うまでもなく鳥のオウムからきています。オウムに自分の言ったことを繰り返されて、「うれしい」「自分の話を聴いてくれている」と感じるでしょうか? おそらくそんな人は、いないでしょう。

なぜなら、オウムはただ、話をしている言葉を「音」として聞いて繰り返しているだけだからです。

部下「あの、ちょっと……。今日は朝からずっと……」
リーダー「今日は朝から？」
部下「1日中システムの」
リーダー「1日中システムの？」
部下「テストをしてるんですけど……」
リーダー「テストをしてる？」
部下「担当者別の売上高の」
リーダー「担当者別の売上高？」

このように、片端から言葉を繰り返されたのでは、話しているほうはたまったものではありません。なんとなく、馬鹿にされているような気持ちになってきます。
話すことより、話を聴くことの大切さが重要視されるようになった昨今、聴く技術について学んでいる人は少なくありませんが、むやみやたらなオウム返しには注意が必要です。

「あなたの話を聴いていますよ」と示すどころか、反対に「この人はオウム返しをしているだけで、自分の話を真剣に聴いていない」と思わせてしまいます。

「オウム返し」自体が悪いのではありません。やり方を間違っている人が多いのです。

実際は話の内容が頭に入っていなくても、「キーワード」を頻繁にオウム返しして話を聴いているという姿勢を示す人もたまにいます。こういう人は、相手をイラッとさせる場合があるので注意が必要です。**不快になるオウム返しというのは、頻繁に繰り返すキーワードに心が感じられない**のです。

「昨日、赤い鞄を買った」といった場合は、「買った」に焦点を当てます。「昨日」「赤い」「鞄」も悪くはありませんが、話をしている〝人〟ではないところに焦点を当てるよりは、相手の〝行動〟のほうが、自分を認められた、受け入れられたという意識にさせることができます。「相手が聴いてくれている」という意識になるのです。

部下　「あの、ちょっと……。今日は朝からずっと1日中システムのテストをしてるんですよ。それで、担当者別の売上順の一覧表を作ってたんですよ」

リーダー「一覧表を作ってたんだ」
部下「ところがですね。さっき、営業部の前を通ったらですね……」
リーダー「通ったら？」

と、相手の行動に焦点を当てた言葉を繰り返すと、「聴いてくれている」と相手は思います。

単なるオウム返しは、ただ無意識でキャッチした言葉を繰り返すので、相手の心に響きません。

人が誰かに話を聴いてほしいと思うとき、それは自分のことを知ってほしいから、話すのです。部下の話を聴くときは、オウム返しではなく、相手の行動に焦点を当てた言葉を繰り返しましょう。

すると部下は、あなたのことを話をしやすいリーダーだと思い、本音で話しにくいことでも信頼して相談してくれるようになります。

LESSON 05

「頭にくるよね！」

共感できないときは感情のキーワードを繰り返して聴く

あなたは、共感できていますか？　人は、共感されるとその相手に対して安心感や親近感を持つものです。この安心感や親近感の積み重ねが人間関係の構築に役立ちます。

しかし、共感の重要性がわかっても、共感できない場合はどうすればいいのでしょうか？　なかなか難しいものですよね。

部下①「昨日、営業部長が実績表を出してくるのが遅いって言うんですよ。だったら、さっさと伝票書き上げてほしいよね。自分のことを棚に上げて頭にくる」

部下②「本当だよね」

私「野田さんは、伝票を早く書くように、営業部長にちゃんと言ってるの？」

部下①「言ってますよ！」

このように、私は人に対する共感値がとても低く、昔から、「沖本さんは冷めてるね」と言われていました。人の話には、なかなか共感ができなかったのです。

コミュニケーションの必要性に気づいたときから、共感の重要性はなんとなくわかっていましたが、どうすれば共感できるのかがまだまだわかりませんでした。

コーチングを必死で学び、練習をしても、「沖本さんって共感がないですよね」と言われ続けました。傾聴をしっかり行なっているのに、必ず言われるのです。ただ、私は、思ってもいないことは口に出せない性格です。そのため、できていないのに共感しているフリをしても相手から見透かされてしまうのです。

「共感度が高い」と言われる人は、どこが違うのでしょうか?

私は、セミナー中に「共感は〝一所懸命聴く〟ということをし続けて、やっとできるようになります。なかなか相手を理解することはできませんから、まずは理解しようとして聴くことです」とずっと講義していました。

しかし、受講生の「聴くトレーニング」の様子を観察しているうちに気がついたのです。

相手の言葉の「感情」の部分を繰り返すと、話し手が「あ、わかってもらえた」というような表情になるのです。「そうか、これだ！」と私は思いました。相手の感情のキーワードを繰り返すと、共感が伝わるということに気づいたのです。

それ以来、私は話を聴くときには、相手の言葉の感情の部分を特に繰り返すようにしました。すると、「沖本さんに共感してもらえて、すごく元気が出ました」と言われるようになったのです。

部下①「昨日、営業部長が実績表を出してくるのが遅いって言うんですよ。だったら、さっさと伝票書き上げてほしいよね。自分のことを棚にして頭にくる」

部下②「本当だよね」

私　「さっさと伝票書き上げてほしいよね。うん、頭にくるよね〜」

会話例で言えば、「伝票を早く書いてほしい」「頭にくる」という、話し手である野田さんの2つの感情の言葉を繰り返します。

先程、「心ないオウム返しはするな！　相手の言葉の『行動』に焦点を当てましょう」と述べましたが、さらに共感を伝えるためには、「感情」に焦点を当てることです。喜び、不安、怒り、悲しさ、苦しさといった「感情言葉」を繰り返すのです。

人が共感されたと感じるのは、事実や情報よりも、自分の感情を知ってくれたと感じたときです。

「営業部長が実績表が遅いって言ったんだね」と繰り返しても悪くはないのですが、この部分は、話し手の野田さんに焦点を当てていません。営業部長の行動に焦点を当てているだけです。

「共感してくれるリーダーだ」と思われるためには、相手の感情言葉を、ただそのまま繰り返しましょう。すると相手も、あなたの気持ちを理解し、信頼感を持って話してくれるようになります。

LESSON 06

「ちょっと聴いてくださいよ～」

部下から愚痴られるように聴く

あなたは部下から愚痴を聴かされたことはありますか？

「よくある」という方は、喜んでください。部下があなたに心を開いている証拠です。人は、信頼できない人には、そう愚痴は言いません。ましてや、リーダーに話すとなると、愚痴なんてなおさら言いにくいものです。それを打ち明けるというのは、かなり心を許し、信頼している証拠です。

逆に、部下から愚痴なんて滅多に言うものではない、部下の愚痴なんて聞いたことがないという人は、はっきり言って、あなたは信頼されていないのです。「あの人は話を聴いてくれない」「何を言ってもムダだ」そう思われている可能性が少なくありません。または、あなたに話をしてしまうとあちこちで言いふらされているかもしれないと思われているなど、信頼感ゼロの可能性が大です。

そんなリーダーのもとでは、部下は不満やモヤモヤを溜め続け、いきなり辞めてしまったり、問題が起きても何も報告しないようになります。

事が大きくなってから、「なんで早く言わなかったんだ‼」と言っても、後の祭りです。部下からすれば、「だってあなたは話を聴いてくれないじゃないか」ということなのです。

話を聴こうとしないリーダーに、部下は話そうとしません。あなた自身も、耳を傾けない人を相手に話を続けたいとは思わないはずです。

部下「ちょっと聴いてくださいよ～。有村さんのことなんですけど……」
私「有村さん？」
部下「沖本さんがいないときは、私の指示を聴いてくれないから頭にくるんですよ！」
私「それは頭にくるよね！」
部下「そうなんですよ！　他の人も同じで……」

ある日、部下の野田さんが私に愚痴りに来ました。私は、ただ、キーワードを繰り返しながら話を聴いているだけでした。そうするうちに野田さんは、最初より落ち着いてきたことが声のトーンでわかりました。野田さんは言いたいことを言ってすっきりしたのか、やる気を取り戻して帰っていったのです。

当時、私は、野田さんがただ愚痴っただけで帰りには元気になったことが不思議でした。誰かが真剣に自分の話を聴いてくれることで、人の心はどんなにマイナスに傾いていても、自然に上向きになっていくものだということが、このときの私は理解できなかったのです。

しかし、何度か同じ体験をしてくると、誰かに思いきりしゃべって聴いてもらうことで、気持ちがすっきりするものだという愚痴の効果がわかってきました。居酒屋でリーダーへの不満を愚痴ってすっきりしたことないですか？　それを同僚ではなくリーダーに言えるということはすごいことです。

部下の愚痴はどんどん吐き出させたほうが、マイナス感情がプラス感情になるので、リーダーは部下の愚痴を聴くことをおすすめします。何か不満がありそうだと思ったら、どんどん話してもらいましょう。要はガス抜きです。そして、リーダーはそれをしっかり受け止めましょう。

部下の愚痴を〝聴く〟ときには、あれこれアドバイスをしないことです。部下に求められたときにはアドバイスが役に立ちますが、求められていないときには大きなお世話、大迷惑です。決して自分の言葉でしゃべるのではなく、相手のしゃべっている行動や感情のキーワードを繰り返し、それ以外の言葉は発さないことです。

リーダーに話を聴いてもらえると、部下の仕事に対するやる気は、さらにアップします。部下の愚痴を聴き、部下の感情をしっかりと受け止めることができる、そんなリーダーがもっと増えれば、日本の企業はより成長していくと思っています。

部下に愚痴を聴かされるような、そんな最高の聴き上手を目指しましょう。すると部下が裏表なく、あなたに何でも話してくれるようになります。

PART 4 まとめ

【「聴く」力】

目で聴く

あいづち「は・ひ・ふ・へ・ほ」で聴く

過去を封印して聴く

言葉の「行動」部分を
復唱しながら聴く

言葉の「感情」部分を
復唱しながら聴く

愚痴はアドバイスご法度で聴く

PART 5

「質問」力

自ら考える
部下に成長する
「質問」力

LESSON 01

「あなたなら、どう思う？」

アドバイスはありがた迷惑。まずは質問する

あなたは、何か問題が起こったとき、自分の意見をすぐに言っていませんか？　部下自身に考えさせていますか？

セミナーを受講しに来られるリーダーの方は、必ずと言っていいほど、部下が自分で考えて行動しないことに不満を言われます。

部下「すみません！　データを間違って削除してしまったんですけど、どうしたらいいですか？」

リーダー「えぇ？　勘弁してよ！　まずは、現状のデーターを……（中略）……という処理をすぐやって！」

いつも部下に対して指示命令やアドバイスばかりで、自ら考えさせることがないというのです。

部下「昨日は、すみませんでした。言われた通りに処理して、無事データを元に戻せました。これ、資料です」

リーダー「あれ？　このデータ部分、おかしくなってない？　Bの処理もした？」

部下「いえ、Bの処理は、言われていないのでしてません。指示された通りにしました」

このように、失敗をしたとき、部下は自分の責任だとは思っていません。リーダーがやれといったからやっただけと、言い訳までする始末です。全部、指示通りに行なったのだから、指示したリーダーに問題があったという態度です。

そして、リーダーは部下が当然行なうべき処理をしていないのが悪いと思い、無責任な部下と決めつけているのです。

お互い自分は責任がなく、相手が悪いのだと責任の押しつけ合いで、その後のリーダーと部下の関係悪化の原因にもなっています。

このような責任のなすり合いが常に起こるのです。**部下というものは、言葉で指示されたことしかしないもの。そして、問題が起こっても指示した人の責任にしてしまいます。**また、問題の解決は、人から教えられると案外すぐ忘れてしまうものです。自分で気づき、考え、行動したことでないと、同じ間違いを起こしやすくなってしまいます。

私自身も、部下が自分で考えることが大切だとしみじみ感じたものです。自分が部下のとき、あれこれアドバイスされるのがとても嫌でした。こちらから求めているわけでもないのにアドバイスされると、「このリーダーは、私のことを信頼してないんだ」とやる気をなくしていました。

部下「すみません！　データ間違って削除してしまったんですけど、どうしたらいいですか？」

リーダー「ええ？　まずは、あなたの考えを教えて。最初に何をどうしたらいいと思う？」

このように部下に質問していくのです。部下が考えて答えたら、また次に聞くという行為を繰り返していきます。

すると、部下自ら解決できる思考力が身につき、そのうち部下にいちいちアドバイスをしなくても、組織にとってプラスになる動きをしてくれる人材に育ってくれます。

私は企業研修や自身の経験から、リーダーに必要なのは、**部下が自分で考え、答えを導き出せるように質問でリードしてあげる**ことだと気がつきました。

アドバイスをしたい場合は、「私だったら○○をするけど、この考えについてはどう思う？」と部下に選択権をゆだねる程度にとどめると効果的です。

指示命令、意見やアドバイスをしたくなる気持ちもわかります。ですが、ぐっと我慢です。質問をして気づきを促し、部下に考え行動してもらいましょう。

本章では、このように部下がやる気を出し、自分で考えるようになるための「質問」力について解説していきます。

LESSON 02

「それくらい、自分で考えられないの？」

気持ちを凹ませる「過去質問」

あなたは、誰かに質問されて、嫌な気分になったことはないですか？

部下　「どうしたらいいですか？」
リーダー「え？　それくらい、自分で考えられないの？　ちょっとは自分で考えてみなさいよ」

「それくらい、自分で考えられないの？」という質問は、どういう意図があると思いますか？　私の場合、質問というより、「自分で考える能力を高めろ」という嫌味な命令に聞こえていました。

このようなとき、ほとんどの人は、「質問されているので答えよう」という気持ちにはなりません。明らかに、責められているような気持ちで受け止めてしまいます。ですから、気持ちが暗くなったり、怒りがこみ上げたりして、決して明るい気持ちにはなりません。

そして、多くの場合、言い訳を考え始めるのです。

「なんでこうなったの？」

「なんで、ああいう風にしなかったの？」

「なんでこんなこともできないの？」

このような質問を、「**過去質問**」と言います。過去の状況や、出来事を振り返るための質問は、うまくいっていないときには相手を責める形になります。そして、言われた相手は気持ちが凹みます。

何か思わしくないことが起きたとき、過去の状況や出来事を正確に把握することも大事です。しかし、過去質問はどうしても尋問口調になりがちです。過去質問ばかりされると、部下は萎縮し、やる気は削がれ、仕事への意欲を失います。気持ちが凹まない人はそうそういません。これまでの私と部下の場合も同様でした。

あるＩＴ関係の会社のＴ課長は、セミナー終了後、さっそく部下に試したそうです。

リーダー「中山さん、君は、いつまでに仕様書を作ったらいいと思う？」

部下「えっと……明日の昼までに1回資料を提出するので、夕方までにミスがないか見てもらって……。で、あさっての昼までに完成させたらいいんじゃないかと……」

リーダー「君も、なかなかよく考えるようになったね。成長したよ」

部下の考えが最善かどうかは別として、自ら考えてくれるようになったのです。自分で考えて自分で言葉にしたので、行動に移しやすくなります。

Ｔ課長は、部下へ仕事を任せられるようになったことで、新しい企画に取り組み、業績を上げたそうです。それから5年後、このＴ課長が〝Ｔ取締役〟になっていたのには驚きました。コミュニケーション力が、リーダー力の向上にいかに影響するか、ということですね。

ある企業で、営業会議を見学させてもらったときのことです。売上を目標達成させるためにはどうするかというテーマでした。

その会議では「過去質問」だらけで、時間もなくなり、結局、今後どうするのか話し合うこともありませんでした。営業担当の会議後のアンケートには「吊るし上げの会議で、嫌な気分」「やる気が出ない」と多くの人が記入していたことをよく覚えています。

うまくいっていないことへの「過去質問」は、相手の気持ちを凹ませ、より結果が悪くなるものです。そこで、次のような「**未来質問**」を活用しましょう（詳しくは次項）。

過去の原因を追究する質問をやめて、未来への解決策の質問に切り替えることです。相手の気持ちを凹ませても何も解決しません。

ただし、過去質問が悪いわけではありません。気持ちを凹ませないことが重要なのです。相手がやる気を出し、前向きになる「質問力」をもっと磨きましょう。

PART 5 「質問」力

LESSON 03

「あなたはどうしたい?」

前向きな気持ちにコントロールする「未来質問」

部下に質問をするとき、前項で述べた「未来質問」を多く使うように心がけると、相手がどのように変化すると思いますか?

リーダー「有村さん、営業の岩井さんの請求書が遅れているけど、明日発送できるの?」

部下「岩井さんが全然伝票を仕上げてくれないので、遅れているんですよ。毎日、早くしてくださいとメモは机に置いているのですが……」

有村さんはいつも、このような言い訳をしていました。そこで、

リーダー「有村さん、営業の岩井さんの請求書、明日には発送しないといけないのだけど、どうしたらいいかな？」

部下「明日ですか！　岩井さんに電話で、明日の昼までには付箋を貼ったところは先に全部埋めてくれと連絡してみます。念のため、メモも書いておきます」

リーダー「そうだね。他にも何かやっておくこと、ある？」

部下「あ、夕方には専務も戻ってくるので、報告しておきます」

このように、部下が言い訳をせずに、具体的な行動案を自分で考えるような質問に変えてみましょう。

「どうしたいですか？」

「どのようにしましょうか？」

「どこでしますか？」

「いつからする？」

「次は何をしたらいい？」

このような「未来質問」で、意識を未来に持っていきます。**「未来質問」は、相手の可**

能性を引き出します。何かを解決していくための質問でもあるので、別名「**解決質問**」とも言います。

未来質問は、相手の心を前向きにさせることができます。未来質問を受けた部下の意識は、自然に未来へと、次の行動へと向かうのです。

そして、どうすればうまくいくか、次は何をすればいいか、という質問は考えるクセをつけることにもなります。過去の自分を責めてしまうような質問をするより、よほど有意義です。リーダーは、相手の心が前へと進むような質問を意図して投げかけていきましょう。

ただし、前項に出てきた過去質問も、すべてが気持ちが凹む質問というわけではありません。**「よい結果が出たとき」に過去質問を使うと、前向きな気持ちにコントロールすることができる**のです。

「有村さん、すごいね！　どうやってこれができたの？　教えて」

このように、過去質問をすると、部下はうれしさを隠さず、どんどん積極的に話してくれます。そして、「他の担当者の資料も作りましょうか？」と、自ら資料作りも申し出てくれるようになったそうです。

やる気を出させる質問は、「過去質問」からでもできるのです。「過去質問」によって明確な振り返りができ、次に行動を起こす自信にもつながります。

悪い結果や思わしくない状況のときだけ「なぜ?」「どうして?」と問うのは、「嫌がらせ」に過ぎません。相手のうまくいった過去の出来事や成功体験を聞くことで、相手の気持ちを前向きにしていきましょう。

過去質問は、別名「追究質問」とも言います。何かの問題・原因を追究していくときに行なう質問です。たとえば、クレームや事故が起こったときに原因を追究していくときに必要な質問です。

「なぜ、中袋が破けていたのだろうか?」

「なぜ、機械が止まったのだろうか?」

このように、質問は目的に応じて使い分ける必要があります。質問の使い方次第で、相手の気持ちをプラスにもマイナスにもコントロールするのです。

LESSON 04

「AかB、どちらがいい?」

前提条件を作って質問する

相手を自分の望む方向に持っていきたい、相手を誘導したい、そんなときに効果的な質問があります。それは、「**前提条件質問**」です。

相手に受け入れてほしい「本来の提案」を前提として話すことで、スムーズに提案を受け入れてもらうことができるのです。

たとえば、気になる異性を食事に誘いたい場合、あなたならどのように誘いますか?

「今週末の土曜日、よかったら食事に行きませんか?」

通常は、このように誘う方が多いと思います。そして、「ごめんなさい。その日は予定が入っていて……」と断られる確率は、高いのです。

これは**相手に、全面的に、「YES・NO」の選択肢がある状態**です。質問された相手は、当然、行くか？　行かないか？　を考えます。

しかし、このように誘えば、どうでしょう？

「この前、行ったイタリアンがおいしいお店だったんだ。食事に行くのは、土曜と日曜日、どちらのご都合がいいですか？」

つまり、「食事に行く」ことはもう前提として決めているわけです。

このように質問をされると、相手は無意識に土曜と日曜日はどちらが都合いいのだろう？　と考えます。そして、「土曜日は習い事があるので、日曜日が都合いいですね」と食事に行ける可能性が高くなるのです。この時点で、「食事をする」という本来の提案は、受け入れられている状態というわけです。

また、もっと効果的で、相手が期待通りに動いてくれる方法があります。

たとえば、「食事に行くのは、いつがご都合いいでしょうか？」と質問をします。すると、すでに「食事に行く」という前提で脳が捉え、「いつがいいのだろうか」と相手は考え始めます。この場合、選択肢が自由にあるので、断る理由に「都合が悪い」はなくなり、よりスムーズに提案を受け入れてもらうことができます。

私のクライアントの企業が、あるイベントで水筒を店頭販売したときのことです。

これまではお客様に「水筒はいかがですか?」と話しかけていたそうです。ところが、「赤い水筒と青い水筒では、どちらがいいですか?」という質問に切り替えたところ、数時間で完売したというのです。それまでは1日がかりで商品を販売していたのにもかかわらず、です。

つまり、「水筒はいかがですか?」という質問をされると、どうしようかなぁ? 買うか買わないかを迷います。これに比べて、はじめから水筒を買うという前提で、あとは色を決めるだけの質問だと、お客様の頭の中ははじめから買うことが前提で、色を考えるだけ。だから、早く売れたのです。

同様に、部下への指導の際も、「前提条件質問」を活用していきましょう。

たとえば、部下にキャリアアップとして、中国語を勉強してほしい場合。

リーダー「君にはそろそろキャリアアップしてほしいと思う。たとえば、中国語の学習のレッスンに行くなら、平日か休日、どちらのほうがいいかな？」

部下　「そうですね、どちらかというと平日のほうが……」

平日か休日のどちらを選ぼうとも、部下は「中国語を勉強する」ということを前提として無意識に受け入れています。相手の無意識に訴えかける質問なので、部下も、一方的に命令されたとは思わないものです。

前提として話されたことは、よっぽど嫌なことでない限り、否定しにくいものです。

ただし、だからこそ部下が「中国語ではなく、私は英語を勉強したいんです」と前提と違うことを言ってきた場合は、よほど強い意志や考えがあってのことです。リーダーは真剣に向き合う必要があります。

相手に受け入れてほしい提案や、やってほしいことがある場合、前提条件質問の仕方を活用しましょう。

LESSON 05

「ちょっと一緒に考えてみよう」

物語を作って誘導しながら質問する

私が部下に仕事の相談を受けたときの話です。

部下「沖本さん、W商事の件なんですけど、仕入れと売上の額が大きく逆転しているんですよ。どうしたらいいですか？」

私「福田さんはどうしたらいいと思う？　自分で考えてみて」

すると、福田さんは泣きながら隣の部署に行き、「沖本部長が仕事を教えてくれず、いじわるをする」と言い始めたのです。そして、階下の営業部長も来て、経理課長をはじめ7名くらいでもめ始めました。もともと部署間でもめていたので、大騒動となってしまったのです。さすがに、このときは指示命令のほうが私にはよっぽど気が楽だと思いました。

あなたも、人からの質問に、すぐ質問で切り返していませんか？

部下が問題や困難にぶつかったとき、失敗しそうなとき、すぐに助け舟を出すことは、部下の成長を止めることになる。だから、部下が質問をしてきても安易に答えない。そういう指導方針をとるリーダーも多いでしょう。

確かに、部下の指導において、なんでもリーダーの指示命令がある状態では、部下は成長しません。依存心が高くなり、「困ったらリーダーに聞こう」という責任感のない部下が育成されていきます。

しかし、すぐに質問で返されると、部下は戸惑います。私も、質問したのに質問で返されたら、「わからないから聞いているのに！」と文句を言うことでしょう。

そして、そのうち部下はあなたに質問をしてこなくなる可能性があります。「どうせ教えてくれないんだから、相談なんかしなくていいや」となるのです。

リーダーは、「答えは部下の中にある」と、部下の可能性を信じているがために質問をし返すのかもしれません。あるいは、「たまには自分で考えろ」、そういうメッセージの代わりとして言っている場合もあるでしょう。

しかし、質問したことを質問で返された部下には、リーダーの態度がとても不親切に映ります。多くの場合、「自分の質問に答えるのが億劫なんじゃないか」「真剣に考えてくれていないんじゃないか」と、相手を不快にさせることでしょう。

目上の人との会話では、質問を質問で返すなんて、普通はしません。また、部下との会話で、そのような質問返しの多用は、信頼関係を崩す原因になるので避けましょう。

それでは、どうすればよいのでしょうか？　部下のSOSに必要なのは、**いったん部下の気持ちを受け取ることです。それから、質問によってじっくり状況や事実を把握し、答えを導いていけばいい**のです。

部下「沖本さん、W商事の件なんですけど、仕入れと売上の額が大きく逆転しているんですよ。どうしたらいいですか？」

私「W商事の件、仕入れと売上の額が大きく逆転して困っているのね。どうしたものか、ちょっと一緒に考えてみようか」

部下「はい、困ってるんです」

私「前にもどこかのお店で、同じようなことがなかった？」

部下「そう言えば、原さんのところで、前にあったような気がします」

私「そのとき、チェックした人は誰だったかな」

部下「あ、実川さんです。あのときは、仕入れの伝票の記入ミスでした」

私「そうだったね。営業が記入ミスしてたよね？」

部下「あ！　納品書と伝票を先に、チェックしてみます」

このように、一歩一歩、段階を踏んだ質問をしていくと、部下自身、どうしたらいいかがわかるようになってきます。部下が答えを導き出せるように、丁寧に質問を重ねていくことが大事です。

部下が答えが出せるように道筋、つまり物語を作って質問をしていくのです。聞かれたことに単純に質問で返すようなことは、かえって部下の気持ちがマイナスになりますのでご法度です。

部下の答えを引き出すストーリー性のある質問、ぜひ試してください。

LESSON 06

「大変だったね。どれくらい時間かけた?」

褒めることがないときは質問する

あなたは、人を褒めることが得意ですか?

2章4項でも述べましたが、私は、褒めることがとても苦手です。その理由として、褒めた相手が本当にプラスの気持ちになるのだろうかという不安と疑問があるからです。

私は子どもの頃、いつもニコニコしていました。ところが、小学4年生の頃、産休代理で勤務していた先生が、私の母に言った一言で、私の顔から笑顔が消えました。

「お宅のお子さんは、思ったよりかしこいんですね」

この「思ったより」という言葉が私の人生に悪影響を及ぼしました。「笑顔=かしこくない」と私は解釈したのです。それ以来、授業中、先生の話に教室中が大爆笑でも私は、ぐっと我慢して笑いませんでした。

成績表に、「話を聴いていないことがよくある」と書かれるようになったのはこの頃からです。今思えば、皆が笑っているのに笑っていない私は、話を聴いていないのだと先生には映ったのでしょう。当時は、ちゃんと聴いているのに……と非常に不満でした。

おそらく、この先生は、私のことを「かしこい」と褒めたつもりだったのかもしれないと思うようになったのはここ最近のことです。私は、ずっと馬鹿にされたものと解釈していました。

つまり、「褒めた」というのは、「褒められた」と相手が解釈しなければ、「褒めたつもり」だということです。ただ、褒めた側の自己満足に過ぎません。それどころか、相手を不快にしたり、傷つけていることもあるのです。

ところで、あなたは、どういう理由で部下を褒めていますか？　褒めることで人は育つと聞いたから、褒めているのでしょうか。「褒めるところを探すのだけど、自分の部下にはなかなか褒めるところがない」と思っている方も少なくないかもしれません。

あるいは、勇気を出して一所懸命褒めてみたのに、部下が喜ぶどころか、不快な顔をされ、理解に苦しんだことはないですか？　照れくさくて褒めることができないということもあるでしょう。

また、相手を前向きな気持ちにするためではなく、自分が好かれたい、気に入られたいという思いで褒めている方もいらっしゃるようです。

いずれにしても、多くの方は、相手の気持ちをプラスにさせたいがために褒めていることでしょう。しかし、褒めても、相手にその思いが伝わっていなければ意味がありません。それどころか、**相手の気持ちをマイナスにしてしまうこともあるのです。**

褒めなくても、相手が褒められた気分になり、気持ちがプラスになればいいのです。褒めずに相手の気持ちをプラスになる方法をお教えしましょう。

昔、私の知り合いで長年、髪型がどう見ても顔に似合っていない人がいました。もっと髪型を変えれば、もっと素敵なのになと思っていました。当時、私は美容院を探していたので、「どこの美容院だろう。そのお店には行きたくないな」と思って質問してみました。

私「ねぇ、Kさんは、どこの美容院に行ってるの?」

知人「M町の○○という美容院よ。そこのお店は、有名人もたくさん来てるの。予約してあげるよ！」

知人は、ニコニコ顔で答えてくれたのです。私は、決して知人を褒めたわけでもなく、むしろ、「似合わない！」と心で叫んでいたのに、相手がとても喜んでいるのです。

このとき、こちらが褒めていなくても、受け取る側が褒められたと勘違いすることがあるのだと気がつきました。つまり、**質問をすることで、相手が勝手に褒められたと解釈してくれれば、勝手に前向きになってくれる**のです。

「こんなにたくさんの資料をありがとう。大変だったね。どれくらい時間かけた？」

やさしい声のトーンと笑顔で聞けば、相手の気持ちはプラスになります（きつめのトーンで聞けば、嫌味に解釈されますので注意が必要です）。

質問と顔の表情と声のトーンをうまく活用し、相手に褒められたと解釈させれば、あなたに好印象を持ってくれるようになります。

PART 5 まとめ 【「質問」力】

緊急でなければ、指示する前に
相手の考えを質問する

うまくいっていないときは、
「未来質問」

うまくいったときは、
「過去質問」

誘導したいときは、
「前提条件質問」

質問されたときは、気持ちを受け止め、
事実を把握する

褒めるのが苦手なときは、
目の前に見えていることを質問する

PART 6

「巻き込む」力

部下の行動力を高める「巻き込む」力

LESSON 01

「ここまでは、いいですね？」

会議や面談を活用して巻き込む

あなたは、部下と個別目標について話をするとき、どのような姿勢で臨んでいますか？
部下が主体的になるような面談ができていれば、問題はありません。

リーダー「斉藤さんの場合、来期のチャレンジ目標はこれね！　じゃあこれ、書き写して」

部下「はい（と言いながら、リーダーの書いた資料をまるまる書き写す）」

リーダー「斉藤さん、前期の達成結果はここに、こう書いてね！　はい、これ書き写して」

部下「はい（と言いながら、リーダーの書いた資料をまるまる書き写す）」

これでは、完全に一方的で部下とコミュニケーションがとれていません。しかし、多くの企業でこのような面談が行なわれているのが実情です。これなら、わざわざ個別に面談することもなく、部下を集めて〝リーダーが事前に設定した〟目標用紙を配布すればいいだけの話です。

こんな形式的な面談では、部下の目標達成率が低くなるのも当然ではありませんか？

会社側は、リーダーと部下がお互いに話をしながら納得感のある、より高い目標を、部下が主体性を持って設定することを望んでいます。ですが、指示命令に従うだけの「やらされ仕事」では、なかなか部下が自分で考えて行動するということは厳しいのです。それなのに、「部下が自律しない！」とか「部下には期待以上に動いてもらいたい！」というのは、無理な要求すぎませんか？

部下との面談を頻繁に行なうこと自体は、とてもよいことです。なぜなら、コミュニケーションを図るうえでも、よりお互いの理解が深まり、目標の進捗状況なども聞き出しやすくなるからです。やり方次第では、面談を頻繁に実施すれば、リーダーと部下の距離はぐっと近くなります。

ただし、面談を効果的なものにするには、「やり方」と「リーダーの意識」が問題です。まずは、何のための面談か、部下と情報共有することが必要です。

リーダー「この時間は、斉藤さんの今期目標の書類を作成するための30分でいい?」

部下「はい、わかりました」

リーダー「まず、私から斉藤さんへ希望することを伝えます。その次に斉藤さんの描く目標を……(30分の面談の流れを説明)」

このとき、一方的に「今日の面談の目的は○○で、目標は△△です。終了時間は○時です」ではなく、**「ここまでは、いいですね?」「ここまでは大丈夫ですね?」「これは理解してもらっていますか?」と確認の言葉を入れます。**

つまり、「何のためにこの面談があるのか?」という目的や、「面談終了後には、どうなっていればいいのか?」という目標を設定し、時間や進め方などについての情報共有と確認、同意まで行なうということです。

そして、目標計画の書類はお互いが納得したうえで、部下が自分の意志で書き込んでいくものです。

進捗状況や結果報告をさせるときも同じです。

リーダー「斉藤さん、前期の達成具合は、どういう状況？」

このように、部下には、自分の口からしゃべってもらい、その言葉を書類にも記載してもらいます。部下が自分で考えて納得し、自分で目標管理を記載するようにして、責任を持たせながら巻き込んでいくのです。

面談は、いわば1対1の「会議」です。会議という話し合いの場では目的・目標の設定は必須ですが、面談も同じく必須です。

リーダーとして、自分で考えて動く部下を育てるためには、部下が「自分の目標」を自分事として捉えるように、コミュニケーションをとりましょう。

そのためには、部下と対立せず、部下のやる気を削がないように部下を巻き込むことです。本章では、部下を巻き込む1つの方法として、会議や面談などの「話し合いの場」を活用することをメインにお話しします。部下を巻き込む場を有効活用していきましょう。

LESSON 02

「他に意見はない？」

参加意識を高めるために巻き込む

チームにおいて、あなたの部下の、仕事への取り組み具合は期待通りですか？　もし、大きな成果を出しているのならば、全員が前向きに取り組んでいることでしょう。あまり積極的に業務に取り組まず、だらだら時間をかけているのであれば、会議という話し合いの場を活用し、「参加意識」を高める工夫をすることをおすすめします。

同僚「他に意見はない？」
私「はい。社名入りのえんぴつを記念に配るというのはどうでしょうか？」
同僚「ああ、この（ホワイトボードに書かれた意見を指さして）〝ペンを配る〟と同じね。はい、では、他に意見ないですか？」

私は、意見が出ないで静まり返っていた中、勇気を出して意見を言ったのです。それなのに、自分の意見がホワイトボードに書き込まれずに無視されるというのは、私自身が無視された、受け入れらなかったという気持ちになり、とても残念でした。

自分のことを受け入れてくれない会議やチーム、組織、リーダーに対して、誰がやる気を持ってがんばれるでしょうか？　会議への参加意識すら出ないのに、そこで何が決まってもやる気が起きないのは当然のことです。

私が会社員だった頃、「発言しがいがあるな」という気持ちになった会議がいくつかありました。つまり、参加意識が高まった会議です。私は現在、それらの会議で学んだポイントを工夫して、参加意識を高めるための会議活用術を研修などで教えています。

それには3つの仕掛けがあります。**①ホワイトボード（模造紙）の活用**、**②アジェンダ（議事進行表）の活用**、**③名札の活用**です。

①ホワイトボード（模造紙）の活用

会議で出た発言・意見は「すべて」書き留めましょう。発言した意見が書き留められることで、「自分の意見は重要だ」という認識になり、参加意識も強くなるというわけです（私は、欧文印刷株式会社が販売している「消せる紙」という模造紙のホワイトボード版の活用をおすすめしています）。

私が以前、江崎グリコ株式会社に勤務していた約9年間、会議で出た意見は全部、大きな模造紙に書き込まれていました。そのため、積極的な意見交換の軌跡がよくわかりました。「参加者の意見をすべて書く」ようにするだけで、参加者のやる気は驚くほど高まります。

②アジェンダ（議事進行表）の活用

会議が始まる前までに、会議の目的・目標など、詳細を記載した資料を配布して連絡します。事前に考えたり、調べる準備ができるようにし、参加意識をより高めます。

ある会議に参加したとき、その場で議題についてネットで検索するだけで時間を費やし、結局何も決まらず、後日、臨時会議が開催されたことがありました。会議が開催される前に、連絡があれば調べてきたのに……、意見もたくさん言えたのに……とやる気が失せたものでした。

③名札の活用

机上に置く名札を、参加者が各自で作成します。つまり、主催者側に依存させず、自分でできることは自分で行ない、自律させるのです。

また、名札にはふりがなもふり、誰でも読めるようにします。たとえば、小山という字は「こやま」とも「おやま」とも読めます。名札の相手面だけではなく自分面にも、つまり、両面に名前を書くようにしましょう。結果として、この人の名前なんだっけ？　とか、名前を間違ったらどうしようなど、議論への参加意識が低くならないための工夫です。

そして、部下の名前を呼ぶように心がけ、巻き込んでいきます。人は自分の名前を呼ばれることで親近感が湧き、その場の参加意識も高まります。逆に間違った名前で呼ばれると、一気に参加意識も遠のくものです。

会議は、コミュニケーションをとりながら部下を巻き込むのに最適な場です。このような工夫をすることで、部下がより活発な意見交換をし、日常業務も前向きに取り組むきっかけを作ることができるのです。

部下を巻き込むために、どんどん話し合いの場を活用しましょう。

LESSON 03

「今のアイデアのマイナス面を、皆で出していこう」

否定意見もどんどん出せるように巻き込む

ある会議での出来事です。

リーダー「新しく配信するメルマガなんだけど、タレント、ベストセラー作家などの名言を集めて配信するのはどう?」

部下①「いいですね、それ。それなら、絶対に読んでくれるに違いないです」

部下②「反対。著名人の名言などを使用する場合、著作権許諾が必要。時間がかかるよ」

リーダー「野田さん、また否定的なこと言って。時間がかかるとか、うちの業務と関係ないとか。面倒くさくてやりたくないだけなんじゃない? じゃあ、他にどんな案があるの?」

部下②「……特に案はないんですけど」

部下③「……（リーダーのアイデアには本当は賛成しかねるけど、今のように全否定されたら嫌だから、黙っておこう……）」

部下があなたの「ＹＥＳマン」になっていませんか？　それとも、常にリスク管理や危機管理を考えて、物事を進めているでしょうか。

納得感がないまま行動する部下と、納得感があって行動する部下はどちらが高い成果を出し続けるでしょうか？　リスクを想定できるのに沈黙のままでいるとしたら、非常にもったいないことです。

最近の組織では、リスク管理・危機管理を考える必要があります。つまり、否定的に聞こえる意見を言えているかどうかは、会社にとって重要なことなのです。

ところが、私がお客様のお話を伺うと、部下が自由に思ったことが言える会議は、あまり存在していません。何事も「そうですね」「それはいいですね」と言っていたほうが自分のために無難なことは誰もが知っています。

肯定的な意見や建設的な意見ばかり言う会議は、その場の雰囲気はよくなるかもしれません。しかし、欠点を追究しない議論では、リスクや危機について考えているとは言いがたいものです。

それでは、後に思わぬ事態を引き起こすことになります。物事には、肯定的な面（よい面）と否定的な面（悪い面）、必ず両面があります。

「よくないことが起こりうる」という前提でいれば、改善策、予防策、対応策が考えられます。一見、否定的だと思われる意見は、事前に考えられる情報として、とても有意義な意見となるのです。これが、リスク管理、危機管理のもとなのです。

とはいえ、いくらリーダーが「否定的な意見もどんどん出してくれ！」と言っても、人の意見に反論をすることや、欠点を指摘する行為は、なかなか勇気がいるものです。「嫌われたらどうしよう」「空気の読めないヤツだと思われそう」「後で仕返しされるのでは」と、意見があってもなかなか発言できない部下は多いでしょう。

そこで、皆を巻き込むために、**否定的な意見が安心して言える仕掛け**として話し合いの場をおすすめしているのです。

リーダー「今のアイデアのマイナス面を、皆で出していこう。野田さんから右回りで1つずつ言ってくれる？」
部下①「著作権許諾をとるのが大変」
部下②「よく似たメルマガが山ほどある」
部下③「迷惑メールと勘違いされてしまう」

こうすると、誰か特定の1人だけが悪者になるということがなくなり、全員が発言しやすくなります。また、否定意見も遠慮なく出せるようになります。そして、自分では気づけなかったさまざまな視点の意見が出てくるようになります。すると、部下が、リスクや危機管理も考えるようになり、あなたの期待以上に動く一歩につながります。

全員を巻き込むためには、肯定的・否定的を問わず、安心して発言できるようにあなたが配慮していくことです。

ただし、その否定された点に対する策も、続けて考えることを忘れてはいけません。

LESSON 04

「ぐるぐる役割を回すね」

役割分担して巻き込む

リーダー「じゃあ、お客様サービスをどうするか、アイデアを出してくれる?」

部下①「去年購入された方は同じような時期にも必要になるだろうから、また提案するのは?」

リーダー「去年と同じ提案ね(ホワイトボードにメモ)。では、中山さんは?」

部下②「こんなお客様はこの商品をこう活用しています、みたいな……。えーと、たとえば、先日テレビで……(延々とだらだら話が続く)、小冊子にその会社を掲載するとか」

リーダー「はい、わかった。小冊子ね(メモ)。中山さん、今度から発言はもうちょっと簡潔に結論から言ってね。あと5分このまま、アイデアを出しましょう」

リーダーであるあなた自らが進行役になり、1人で何もかも取り仕切っていませんか？　発言を拾ってホワイトボードに書き、誰が発言していないのかと意識しながら、参加者を観る。そして、時間も管理して、「そろそろ時間なので……」とまとめに入る。

会議だけではなく、どの業務もあれこれと自分でやってしまうリーダーほど部下の可能性を信じることができず、何でも自分で仕切ってしまいがちです。つまり、**あなたが何もしない「依存型の部下」を育成してしまっている**のです。

かつては私も、部下を依存型ばかりにしていました。「うちの部下は、自律性がない」とよく憤っていたのです。私は部下に任せず、1人であれもこれもやってしまい、部下が自分で考える場を与えていませんでした。また、部下全員が一丸となるような場もまったくありませんでした。

「巻き込む」会議では、部下に任せて、自分たちで目標達成させることができる部下育成の場にしていきましょう。

リーダー「では、アイデア出しの会議をしますね。進行役・野田さん、メモ係・江川さん、時間係・林さんお願いね。次のよい点についての議論は、進行役は林さん、メモ係は野田さん、時間係は江川さんに……というように、ぐるぐる役割を回すね」

このように、

①ホワイトボードに参加者の意見を板書する「メモ係」
②時間を計り管理する「時間係」
③会議の目標を達成させる「進行係」

の3つの係を部下に分担して任せます。この係は固定化せず、役割を交替させ、参加者全員を巻き込みます。

メモ係になると、話の長い人には大変困ることに気づきます。すると自分が話すときにはメモをする人の立場で考えて行動ができます。

また、時間係になると時間を意識し、進行係になると目標達成させるための大変さがわかり、自分がその立場ではないときにも相手の立場で考えて動けるようになります。

会議で部下を巻き込むことができれば、リーダーであるあなたが、しゃかりきになって会議を1人で仕切らなくても済みます。これを日常業務で考えてみましょう。リーダーが業務を分担して、部下に任せるのです。

部下に期待以上に動いてもらうためには、自分が何のために何をどうするべきなのかを明確に認識させる必要があります。どのような業務も他部署などと連携で行なわれていますので、この役割を回していくと、お互いより効率的な仕事の仕方がわかってきます。また、助け合いの関係も築けるようになるのです。

1つの業務ばかりではなく仕事の幅を持たせていくのも、部下が成長するための手段です。結果として、部下を全員巻き込めるようになります。

私自身は、部下に1日という短期間で退職されたり、部下を巻き込めずに苦労していました。そこで、部下の仕事を1カ月サイクルで交代するようにしたところ、一体感が生まれてきたのです。部下同士が協力し合いながら仕事をするようになりましたし、何よりよかったのは、他の業務を知ることで、仕事全体のことを考えたうえで、目の前の業務を処理するようになりました。

ですから、異動や転勤も時には必要なのでしょう。これを「短時間」「一番小さな組織」単位で再現できるのが、会議です。まずは会議の活用術から試してみてください。

日常業務でも同様に、**任された部下は、自律型へと徐々に変わっていきます。**

LESSON 05

「言ってよかった」

意見は全部リサイクルして巻き込む

リーダー「8月は、夏休みがあるので、締め日を3日ほど早めるつもりだ。君は、この意見についてどう思う？　どんな意見でもいいので言ってくれよ」

部下「1日だけ早めるというのはどうですか？」

リーダー「1日だけじゃ無意味だろ！」

部下「……（どんな意見でもいいって言ったくせに）」

あなたは、部下のどんな意見でも大切に扱っていますか？

部下のどのような意見も、吟味してみる価値はあります。現段階では使えないとしても、別の条件のときには役立つ意見の場合も大いにあるからです。たまたま、今の状況に合わない意見なだけかもしれません。

そう思うと、意見は後で使い回しもできたほうがお得です。ですから、「出された意見は、すべて書き留める」ことがとても大切なのです。

部下が発言したことを必ず記録し、それについてはコメントしないことです。そうすれば、部下は自分の発言が無駄ではないと感じ、「言ってよかった」と、また積極的に発言できるようになります。

自分の意見が書き留められると、リーダーから自分自身が期待されていると感じます。すると、部下からすすんで巻き込まれてきます。会議も同様で、特に書き留めることが重要なポイントです。このときは、他の部下が書くように作業は分担しましょう。

リーダー「8月は、夏休みがあるので、締め日を3日ほど早めるつもりだ。皆は、この意見についてどう思う？　どんな意見でもいいので言ってくれ。林さん、意見を全部書き留めてね」

部下①「はい」

リーダー「じゃあ、野田さんからね」

部下②「1日だけ早めるというのはどうですか?」

部下①「1日……(言いながら書き留める)、1日早める(言いながら書き留める)」

リーダー「林さん、もっとスピーディに書くために、漢字じゃなくて、ひらがなでいいよ。そんなに丁寧にきれいに書かずに、殴り書きでいいし」

最初から「ひらがな・カタカナを使用」「殴り書き」と言ってもらえれば、漢字がわからなくても、字が汚いことがコンプレックスな人も安心して書くことができます。このように、些細なことでも工夫して安心感を抱かせ、巻き込んでいくのです。

今回は何らかの理由で採用されなかった意見でも、他の企画を考えるとき、没になったアイデアがヒントになるかもしれません。つまり、**情報のリサイクル**につながるのです。

このように書き留めることで、**「言ってよかった」と部下に思わせることです**。自分の意見を否定せず受け入れてくれるリーダーとなら、よりよい関係でいたいと思うものです。結果として、部下とはよいコミュニケーションが築けているのです。

このように、最初はリーダーが巻き込もうとしていたけれど、よい関係ができてくるうちに部下から巻き込まれるようになります。

とにかく、全部の意見を書き出せるようにすることが大事です。また、出てきた意見すべてを記載した紙を終了後にデジカメで撮影すれば、すぐに作成配信できる議事録にもなります。

また、後日、この議事録の写真を見ることによって会議の臨場感までよみがえります。会議中は白熱して、誰もがやる気いっぱいだったのに、会議が終わり時間が経つと、次第に熱も冷めてきます。しかし、写真の直筆を見ることで会議のことが思い出されるのです。

どの意見も重要だと受け入れる「巻き込み」力を発揮すれば、部下が積極的に情報を活かして考え、自ら動くようになります。

LESSON 06

「このアイデアのよい点は？」

優先順位をつけて巻き込む

人は、他人の意見にすぐ賛否だけで判断してしまいがちです。

部下①「今度の社員旅行は、山陰の松江はどうでしょうか？　鯛めしがおいしいですよ」

リーダー「その意見はだめだ！　鯛めしなんか、どこでも一緒じゃないか」

部下②「……（もうどこでもいいから、好きにして）」

部下③「はい、賛成。松江なら、和菓子もおいしいし、松江城も行ってみたいですね」

部下④「往復に時間かかりすぎるような気がする。温泉に浸かると疲れてしまうよ」

リーダー「他はどう？　反対意見のほうが多いようだね。じゃあ、片山さんの松江案は却下ね……」

部下⑤「……（本当は結構いい案だと思うけど……。反対派がヒートアップしているみたいだから黙っておこう）」

部下①「……（言うんじゃなかった）」

誰かが意見を言うと、すぐに賛成派と反対派に分かれます。特に、リーダーという立場の人は、部下が自分と違う意見を出すと思いきり否定しがちです。これでは、部下とのコミュニケーションはますますとれなくなってしまいます。

賛成派はその意見のいい点しか見えません。同様に反対派の人は、よくない点ばかりを探します。

そのため、反対派の意見が通ったら、賛成派はやる気をなくします。逆の結果になっても同様です。それどころか、感情は対立したままで、人間関係にも悪い影響が出る可能性が大いにあります。そうなると、巻き込むどころの話ではありません。

そこで、部下を巻き込み、意見を言うことでやる気をなくさないように部下と関わりましょう。

リーダー「さて、5つのアイデアが出たけど、まずはアイデアA『山陰の松江』についてよいと思う点を1人ずつ順番に出していこうか？　じゃあ、林さんから右回りに一言ずつ」

部下①「和菓子が評判」

部下②「城下町が風情がある」

部下③「鯛めしがおいしい！」

このように、部下全員がよい点を述べ終わったら、次はよくない点、よくない点の改善策……というように、いろいろな視点に分けて、検討します。

そして、意見を出し終えたら、最後にどの意見が一番最適なのか？　2番目は？　とすべての意見を全体で見直し、各自が優先順位をつけます。

優先順位のつけかたとしては、採点をつける手法で行ないます。たとえば、各自が、それぞれに、「1点」「3点」「5点」「7点」「9点」を持ちます。そして、一番よいと思うアイデアから順に「9点」「7点」……「1点」と採点していきます。

このように、全員がそれぞれのアイデアのよい点、よくない点、それらに対する策などを吟味して優先順位を考えていきます。

どれか1つだけを選ぶと、自分が選んだものが選定される確率が低くなります。そのため、全員がすべての意見に採点をします。

発言した人は、自分が出した意見が悪いのではなく、「たまたま今回は優先順位が低かった」という気持ちで受け止められるので、後ろ向きな感情にはならないものです。

こうして、どの意見も重要視していくと、決定事項への納得感にもつながります。なぜなら、どれかを選んで、どれかを否定したわけではなく、自分が採点して選んでいるからです。すると、他人が決めた決定事項ではなく「自ら考え決めたこと」という意識になるので、より行動力が高まります。これは、部下の視野、考え方を広げるチャンスでもあります。

賛否で対立しないように工夫をすることで、リーダーの「巻き込む」力はどんどん鍛えられていきます。部下だけではなく、他部署の人たちにもあなたの「巻き込む」力を発揮しましょう。

きっとあなたは、私の期待以上の「巻き込む」力を身につけていかれることでしょう！

PART 6 まとめ

【「巻き込む」力】

目的・目標を明確にした話し合いで巻き込む

豊富な意見交換で巻き込む

安心して意見が言える仕掛けで巻き込む

役割を交代させて巻き込む

意見は書き残して巻き込む

賛否で対立しないで巻き込む

PART 7

「職場改善」力

“期待以上”の成果を出す「職場改善」力

LESSON 01

「報告してくれて、ありがとう」

問題を大きくしないで解決できる

何か問題が起こったとき、部下が隠さず、すぐに報告をしてくれるとうれしいですよね？　部下が正直に、漏れなく報告・連絡・相談をしてくれれば、小さなミスの段階で改善できます。

ところが、ミスが報告されないままでは、どんどん大きな問題へと発展し、気づいたときにはどうすることもできない状態に陥ってしまいます。

部下がミスをしてしまい、「困ったな、どうしよう」と思ったとき、すぐに「リーダーに相談してみよう」という気になるのは、日頃からコミュニケーションがうまくとれている信頼できるリーダーだからです。

企業の不祥事の記者会見で、トップが「知りませんでした」と言う場面をよく見ます。これは、常日頃から上の立場の人が部下とコミュニケーションがとれていれば、下から上への報告がスムーズに行なわれ、防げた問題だったかもしれないのです。

最近では、ある旅行会社で、学生の遠足でバスの手配を失念した社員が、ミスの発覚を恐れ、生徒の自殺をほのめかす手紙を作成した事件がありました。最終的には逮捕に至り、企業の信頼は失われ、職場、学校関係者、そして学生やその親御さんにも多大な迷惑をかけてしまいました。

これも、上司にも同僚にも相談ができなかった結果です。上司と部下が常にコミュニケーションをとっていたなら、逮捕にまで至ることはなかったでしょう。

きっと、あなたも「今、そんなこと報告する⁉　私はこんなに忙しいのに！」と思うことがしばしばあると思います。

しかし、部下として、自分が犯したミスについてリーダーに報告するのは、当然のことですが、とてもつらいことなのです。「怒られたらどうしよう」「また皆の前で怒鳴られたら」「評価を下げられるに違いない」「絶対に嫌われる」……きっとこんな不安な考えばかりが浮かんで、頭や胃をキリキリ痛めながら、それでも勇気を出して報告しに来たのです。

そんなとき、「報告してくれてありがとう」ときちんと受け止めてくれるリーダーだったら、「勇気を出して言ってよかった」となります。そして、「また次も何かあったときはすぐ報告しよう」「相談しよう」と思うのです。

こうして次第に話しやすい職場に変化してくるのです。

さらに、うまくコミュニケーションをとっていれば、部下に、〝自分の責任〟という自覚も生まれます。

部下「ちょっと今、よろしいですか？　申し訳ありません。B社の売値を営業部の八木さんに確認し忘れて間違ってしまいました。それで、利益が出せていません」

リーダー「言いにくい問題をよく言ってくれたね。事前に確認しなかったということは、確かにあなたの注意不足。でも、今後の対策や、次回から、どのように注意すべきかということも気づけたことはよかったよ。次回は失敗しないように。君には期待してるよ」

このように、部下の伝え方にも変化が出てきます。リーダーに報告をするときは、はじめに急ぎということを伝え、そして、「今、お話をしてもいいですか？」と伺いを立てる。さらに、どれくらいの時間がかかるかも明確に言ってくれるようになります。
リーダーが部下とコミュニケーションをとろうとする姿勢を見せることで、部下もリーダーにより伝わるよう、言い方を工夫するようになるのです。

リーダーであるあなたが、コミュニケーション力を向上させることで、**些細なことでも部下が報告・連絡・相談ができる信頼関係がさらに築けます**。だから、問題が小さいうちに解決でき、大きな問題の発生を防ぐ、風通しのよい職場になってくるのです。

LESSON 02

「どうしたらうまくいくと思う？」

同じようなミスがなくなる

同じようなミスが繰り返される職場は、リーダーと部下、部下同士のコミュニケーションがうまくとれていない職場です。

ミスが起こったとき、頭ごなしに怒鳴ったり、その解決策まで指示したりしていませんか？　一見、それが一番早く問題を解決しミスをなくす近道に思えます。しかし、部下としては、「問題の原因も対策も、リーダー1人が考えるもの」という意識になり、その大変さがいつまで経ってもわかりません。だから、何度も同じようなミスを繰り返すのです。

リーダー「有村さん！　この店舗、なんで、値引き率を特約店並みにしてるの？」

部下①「え？　私は知りませんが……」

部下②「え？　一般店は、値引率３％までと皆に伝えたはずです」

リーダー「あぁ、もう、なんでこんなミスをいつも繰り返すのか！　もういい、請求データを作り直して！　持参して謝りに行くから」

このような伝え方では、部下はいつまでも「ミスをしても叱られるだけで、あとは結局上司がなんとかしてくれるだろう」という意識のままです。だから、余計に同じミスが続くのです。

実は、私も同じような経験がよくありました。何かミスが起きて指摘をすると、部下はたいてい「知りませんでした」というのです。

部下の中で、知っている人と知らない人がいるというのは、職場での人間関係が良好とは言えません。部下同士のうっかりした伝達忘れの場合だけではなく、故意に伝達をしない場合もあります。重大な情報が共有されないと、仕事に大きな被害を及ぼします。

職場内で頻繁に同じミスが続く原因のひとつに、「情報の共有がされていない」ということがあります。

１つのミスがあったとき、そのミスをした人を責めるのではなく、全員で情報を共有しましょう。そうすれば、全員が自分事として注意でき、ミスは回避しやすくなります。ですから、1人の失敗も全員に知ってもらうことが必要なのです。つまり、**失敗は隠さず、皆で共有する**ことです。

私の研修先のある製造業の会社では、情報共有を行なうことで、3年間も目標達成できなかった支店が、売上目標を達成しました。さらに、他の支店の売上も向上し、リーマンショックの影響も皆無でした。

それまでは各支店が独自で営業をしていましたが、うまくいったことやうまくいかなかった情報を共有することで、無駄な動きを回避することができたのです。

また、ミスをしたときや問題が発生したときは、情報共有だけでなく、全員で解決策を考えていくと、より部下同士の関係も密になってきます。

ここで注意したいのは、ミスをした人の吊るし上げをしないことです。**〝人〟に焦点を与えるのではなく〝事例〟に焦点を当てる**ようにしましょう。情報共有という意識で部下全員から話を聞き出し、全員が積極的に原因や解決策を考え出す空気を作っていきます。

リーダー「値引き率を特約店並みにしてしまった件、有村さんならどうする？」

部下①「私だったら、訂正した請求書を作り直して、営業に持参してもらいます。中山さんはどうですかね？」

部下②「いいんじゃないですかね。営業にすぐ確認して、請求書の対応をしましょう。で、原因は何？」

こうやって部下とコミュニケーションをとるようになると、何よりリーダーが穏やかな気持ちで過ごせます。すると、周囲の顔にも笑顔が多くなってくるのです。

ミスをした人だけではなく、他のメンバーにも質問をし、全員を巻き込むことで、各自が自分のこととして考え、次回はミスを起こさないように各自でさらに注意ができるようになるのです。また、ミスが起きても、解決策を自分たちで考えるので、よりよい解決策が出てきますし、問題の重要性にも気づきます。すると、「知りませんでした」というセリフが出なくなっているはずです。

リーダーであるあなたが、コミュニケーション力を向上させることで、部下はミスの重要性に気づき、部下全員が〝自分事〟として捉える職場になってくるのです。

LESSON 03

「この人のためにがんばろう」

指示以上の成果を出してくれる

自分のことを期待して見守ってくれているリーダーのもとでは、部下はがんばろうと思えるものです。

私が以前、江崎グリコ株式会社に勤務していたときのあるリーダーの話です。そのリーダーは、私の「パソコンが得意」という個性と、「業務をもっと改善し効率化したい」という思いを活かしてくれる人でした。パソコンという特技をもっと活かすために、私が研修を受けられるように本社にかけ合ってくださったのです。

また、業務改善のアイデアも意見を出せば、積極的に検討してくれました。私ができること・できたことを観てくれていたのです。

私は、このリーダーから依頼された仕事には、いつも依頼以上の対応をするようにしていました。たとえば、一度依頼されたら、来月も必要だろうと思われる資料は指示されなくてもすぐに対応できるよう、日々データをとっておくように準備をしました。リーダーが必要と思ったときに、即座に使えるようにするためです。するとまた、喜んでもらえます。だから、「もっとがんばろう！」とやる気が芽生えたのです。

私だけではありません。他の社員もこのリーダーに対しては同じような対応をしていました。このリーダーがいたときの職場は社員がイキイキして、明るかったのを覚えています。職場の全員がニコニコ笑顔で、会社の仕事って楽しいものだと気づいたのもこのときが初めてでした。

企業の経営者や人事担当者から、「うちの部下たちは、言われたことに関しては、きちんと仕事をするんですよ」という相談があります。続けて、「しかし、それ以上のことができないんです。自分で考えて自分で行動するっていうことをしないんですよね。なんとかなりませんかね」とおっしゃいます。

まるで部下が人間的に未熟で、無能であるかのような言い方です。「言われたこともしない」と言うのなら、それは確かに部下側に問題があるかもしれません。しかし、「言われたことしかしない」というのは、部下の人間性や能力の問題ではありません。リーダーと部下の人間関係の問題です。もっと言うなら、リーダーのほうに問題があります。

あなたが、何かをするときに、「この人のためにがんばろう」と思うのは、どういうときですか?

欠点や短所ばかりを指摘し、失敗をすれば責め、できたことややったことに関しては何の評価もない、そんな人のためにがんばろうと思いますか? また、前任者と比較され、「前の人は、言わなくてもやってくれてたのに」とか、「〇〇部署のAさんは、社長賞をとっているのに……」など、他のメンバーと比較されたら、やる気をなくしませんか? もし、同じ職場に比べられた相手がいたら、その人への逆恨みも発生してしまうかもしれませんし、チームとしてギクシャクするかもしれません。

会社との雇用契約がありますから、指示されたことはもちろんやります。また、最低限の仕事はしますが、このようなリーダーのもとではそれ以上はしたくない、という人がほとんどではないでしょうか。

できたことやできることを観てくれ、自分の能力を活かしてくれるリーダーのもとでは、「この人のためなら」と思います。報酬以上の仕事をしようという気持ちになります。

「指示待ち部下をなんとかしたい」

「言われたことだけ仕事をするのではなくて、言われたこと以上のことをやってほしい」

そう望むなら、まずはあなたが部下にとって、「自分を観てくれるリーダー」「自分を見守ってくれるリーダー」「自分を信じてくれるリーダー」「自分に期待してくれるリーダー」になることが必要です。

人間、どうしても他人の「いいところ」より「悪いところ」に目がいってしまうものです。でも、それでは人はついてはきません。

あなたは、部下の特技、できること、できたことをどれだけ挙げられますか？

「欠点や短所、失敗、できないこと」は山ほど挙げられるけれど、いいところは思い浮かばない……なんてことになっていませんか？　部下に期待以上の仕事をしてもらいたいと思うなら、部下とコミュニケーションをとりましょう。そうすることで部下は個性を発揮し、指示以上の成果を出してくれるはずです。

LESSON 04

「部下は仕事ができる人」

安心して部下に仕事を任せる

幹部　「この仕事の責任者として、林くんがふさわしくないか？」

リーダー　「まだまだ任せられるような器じゃないですよ。いつも指示と違うことをやらかして……」

幹部　「そうか？　適任のような実績だと思うが……（指示の仕方が悪いんじゃないか？）」

本来ならば、リーダーのあなたがいなくても組織が回ることが望ましいのです。ところが、部下に仕事を任せられない人は、「部下の仕事の能力が低い」と言い訳をします。

部下が、あなたが不在でも仕事をこなせる人になっていたら、それは、あなたがその部下を育てた実績となります。それなのに、**自分の存在の危機感を覚えるようでは、リーダーとして失格です**。部下に仕事を任せているリーダーは、「部下は仕事ができる」と信じています。部下にバトンを渡すのもリーダーの役目と考えているようです。

本書で何度も言っていますが、**あなたの部下は仕事ができる人です**。できる人だと期待しているから、現実とのギャップでイライラしているのです。

問題があるとしたら、ただ、その部下のコミュニケーションの能力が低いだけです。あなたの「観る」「話す」「聴く」「質問する」「巻き込む」コミュニケーション力で部下を導き、信頼して仕事を任せましょう。あなたのコミュニケーション力が高くなればなるほど、部下は期待以上に動いてくれます。

以降で、仕事に時間がかかる割には、ミスの多い部下のケースを例にとってみましょう。

リーダー「林さん、A社の売上残高表を、作ってくれる？　それから、仕入れ伝票の在庫が数冊なので注文しておくといいよ。あ、今期はたくさん仕入れもありそうだと思うから、５００冊。今週中には取引先に請求書が届くように、今日中に全部発送しておくといいと思うよ」

このように言われたら、部下には高い「聴く」コミュニケーション力が求められます。
それに対して、

リーダー「林さん、頼み事が3つ。
1つ目、残高表作成。2つ目、伝票発注。3つ目、請求書発送。
1つ目、残高表作成は、A社について、あさって10日の11時までに。
2つ目、伝票発注については、仕入れ伝票が500冊。納期は来週末で。
3つ目、請求書発送については、全部を今日中に！
以上、残高表作成。伝票発注。請求書発送の3つを頼むよ！」

と言われたら、「聴く」コミュニケーション力が低くても、話が整理されているので十分、話の内容が理解できます。すると、リーダーが、こうしてほしいという希望の仕事や、それ以上の成果を出す仕事を部下がしてくれるのです。そして、部下はスムーズに仕事を進めることができ、次からは指示される前に動こうとするゆとりができるのです。

前述した製造業の会社では、正社員数が200名いますが、30名のリーダーがコミュニケーション力を磨いたところ、その部下たちにも変化が現われました。部下のコミュニケーション力も、リーダーに似てきたのです。

A課長は「〇〇してほしいと思う。なぜなら……」と、自分の発言の理由や背景を明確に話すようにしていました。すると、彼の部下も、「なぜなら」という理由づけが必ず会話に入るようになりました。

リーダーのコミュニケーション力は、部下に伝播します。リーダーのコミュニケーション力が、部下を変えていくのです。ですから、よいお手本となるコミュニケーション力を、リーダーのあなたが部下に見せていってください。

部下が「仕事力が高い」+「コミュニケーション力が高い」となれば、あなたも安心して仕事を部下に任せられますね。そして、リーダーとして、職場がさらにイキイキするよう仕事に取り組んでいきましょう。

LESSON 05

「人事部は、いったい何をやっているんだ？」

職場間の壁がなくなる

「相手の立場になってものを考えろ」とは、小さい頃からよく誰しも言われたことでしょう。ところが、いざ、社会に出て働いてみると、どうですか？　多くの人は自分の利点や利益ばかり考えてしまっているのです。

私がかつて勤めていた会社では、お互いをののしり合っていました。同じ職場で働く仲間であるはずなのに、部署間でまったく連携のとれない、仲の悪い関係でした。部署同士いがみ合い、お互いの足を引っ張り合ってばかり。結果として会社が倒産してしまったわけです。

当時、「他部署の人間に笑顔を見せてはいけない。見せたら負けだ！」と私は、思っていました。自分の部署の業務の軽減やメリットばかりを考えていたのです。

何か問題があったときはどう他部署に責任をなすりつけるか、他部署の嫌な人間をどうやってさらしものにするか、そんなことばかりに集中して、協力・連携の姿勢さえもありませんでした。

企業からご相談を受ける中で、自律型の人財育成と同様に多いのが、このような部署間の円滑なコミュニケーションのご相談です。

ある機器販売の会社は、部署間の連携が悪く、業務に支障が出るほどでした。

情シス「情報システム部のせいにばかりしているけど、入社の情報がなかなか入ってこないんだよな。これで手続きが遅いって言われても……。総務の準備次第だよ」

総務「そう言われても、人事部からの情報がいつもギリギリで、入社日が決まってからじゃないと動けません。人事部には、早くするように催促してますよ。まったく、人事部は何やってるんだか」

人事「各部署のマネージャーには、採用が決定したらすぐ報告するようにと言ってるんですけどね。仕方ないでしょ。マネージャーが遅いんだから」

情シス「それを教育するのが、人事部だろう。少しは働けよ」

……どの部署も責任のなすり合い。この会社に限らず、大なり小なりよくある光景です。そこで、部署間で連携し、業務の効率化についての話し合いの場をうまく工夫し、情報を共有して他部署の人々を巻き込むことにしました。

情報共有の中でも、各部署の現状を洗い出すことから始めました。すると、他部署にとっては大きな問題が、自部署ではさくさくことが運んでいたり、同じことをやっているのが、部署を超えて共同で行なったほうがいいという展開になることに気がつけたのでした。同じ会社なのに、お互いの仕事のことを知らなさすぎたのです。

はじめは意見することなく、また否定することなく、ただ情報共有するために各部署の現状を説明しただけです。そして、各部署で視点を絞って、意見を出し合いました。

リーダー「○○という意見に対して、考えられるよい点から出していきましょう。第一営業部の野田さんから時計回りでお願いしますね」

メンバー①「申請者が一度の手続きで済むので楽かな」

メンバー②「どこかの部署だけという手続き漏れがなくなる」

メンバー③「手続きした・してないのもめごとがなくなる」

リーダー「総務ではもめてたんですね。はい、次はよくない点をお願いします。経理部の林さん」

メンバー④「うちでもよくもめていました。申請されないと全部署の手続きができません」

どの部署から出た意見だから反対、賛成と対立しないよう、「誰」ではなく「意見」そのものに焦点を当てて考えるようになってくると、部署間がぎくしゃくしなくなりました。するると、皆がうまく巻き込まれてきたのです。

何より、部署間の壁をなくし、お互いが理解し合うことで社内に敵を作らない重要性に気づくのです。コミュニケーションによって、同じ職場同士で対決・対立ムードになることなく、皆がイキイキと働くようになれば、あなたの期待以上の働きをしてくれ、あなた自身も楽しく働ける職場に生まれ変わります。

LESSON 06

「あなたの部下でよかった」

部下から信頼されるリーダーになろう

「あなたの部下でよかった」

10年後、20年後に、こんな言葉を部下から言われたら、どんな気持ちでしょうか？

私が以前勤めていた会社が倒産し、約10年経った頃、当時の部下から1通のメールが届きました。

「沖本さんに教えていただいたことを日々思い出しながら、今仕事をしています。教えていただいたことがすべて私の財産になっていて、毎日楽しく仕事ができています。一言お礼が言いたくてメールで失礼だとは思いますが、本当にありがとうございました。私もがんばって沖本さんみたいになれるよう努力します！」

あまりのうれしさに、珍しくもジーンと胸にこみ上げてきて涙しました。そして、「沖本さんの部下でよかったです」という最後の一文で、私のほうが励まされました。部下が私を、勇気づけ、やる気にしてくれたのです。

会社が倒産し、長い時間を一緒に過ごした部下たちと会うことは最初の1年くらいで、その後は年賀状でのやりとり程度になっていました。しかし、何年経っても私のことを忘れず、このように連絡をしてくれる部下がいたのです。

1カ月、ひどいときは1日といった短期間で退職していた部下への対応は、個別ではなく、「部下全員」対「私」で行なっていました。そして、「私の指示した通りに動けば、仕事の成果は最短になる」という思い込みから、指示命令のみでした。

ある日、トラブルに陥った部下の「どうしましょうか？」の言葉に、私はイラッとし、「自分で考えてから、私に聞きなさい」とつっぱねました。

すると部下の森川さんは、しばらく自分の考えをまとめて、私のところにやってきたのです。私は、このとき初めて、相手によって対応の仕方を工夫すればいいと気がつきました。

これがきっかけで、部下一人ひとりに、

「中山さんは簿記や秘書検定の資格を持ってるんだ」

「橋本さんは伝票チェックが早いね。どうやったの？」

このように個人を観て、質問をし、話を聴いたのでした。こうして部下と私は双方向のコミュニケーションがとれるようになったのです。

すると、いつの間にか仕事場には笑い声が響き渡るようになっていました。

そんな折、私は、腫瘍の手術で会社を少し休むことになり、誰かに仕事を任せるしかない状況になりました。

「森川さん！　あなたに、期待して、この仕事の部分は任せるよ」

日頃の部下の言動と仕事ぶりから、３名の部下を森川さんの下につけ、仕事を任せることにしたのです。

私が入院している間、森川さんは、自ら毎日のように病院に報告・連絡をしに来たのでした。あれこれリーダーが口を出さなくても、案外、部下はやれるんだと、このとき気づき、私は退院後も、そのまま森川さんに任せることにしました。

ある日、問題が発覚。今までだったら、私が取り仕切って原因の探究や対策をとっていましたが、もう違いました。

森川「はい！　皆さん、ここの部分は、先に私が漏れがないか検査します」
橋本「私は入力ミスがないか、チェックします」
川田「私は営業担当者に金額確認しますね」

実は、この森川さんが、私に感謝のメールをくれた本人なのです。

会社の倒産を経験してから、「もっと私が早くコミュニケーションの大切さに気づき、早くに部下への話し方、聴き方、質問の仕方を意識して、部下を巻き込めていたら……」と後悔していました。しかし、このように時が経ち、他の職場にいても私のことを思い出し、わざわざ「あなたの部下でよかった」と10年後に言ってくれる人がいて、私の心は救われました。

あなたのコミュニケーション力を向上させることで、あなたもきっと、「あなたの部下でよかった」と言われるリーダーとなることでしょう。

PART 7 ✦✦「職場改善」力

【「職場改善」力】

話の内容ではなく、話してくれたことに感謝を伝える

ミスは「人」を責めるのではなく、「事例」を情報共有する

期待して部下を見守り、部下の個性を活かす

部下は仕事ができる人と信じる

組織全体を1つと捉え、情報を共有する

相手にいい影響を与える、コミュニケーションをとる

おわりに

本書を最後までお読みいただき、ありがとうございました。

この本をお読みの方の中には、部下ができたとき、「なんで人事はこんな使えないやつを採用するんだ！」と、採用に関わった人を心の中で責めたり、「とんでもなく出来の悪いやつを押しつけられた」と、まるで自分が貧乏くじを引かされたかのように感じた人もいるかもしれません。

しかし、人を採用するとき、誰もが「この人は期待できるはず」と確信しています。まさか「この人は期待できないだろうなあ……」と思って採用する人はいないでしょう。

仕事柄、多くの経営者や人事担当責任者とお会いしますが、誰一人として採用に手を抜いている人はいませんでした。会社は機械やパソコンが動かしているわけではありません。「人」です。誰が自分たちの会社を悪くするような人を採用しようと思うでしょうか。

実は、私が人財育成や組織の活性化のお仕事のご依頼をいただくときに多いのは、「部下が指示通りに動かないので何とかしてほしい」というよりも、「期待以上に部下を動かせるリーダーを育成してほしい」という相談です。

会社（経営者）側が切に求めているのは、「部下を期待以上に動かすリーダーのコミュニケーション力」なのです。そして、会社はあなたがそれをできる人だと信じ、あなたに期待しているということです。だから、研修に貴重なお金と時間をかけているのです。

努力や根性でどうにもならないことが世の中にはありますが、そのひとつが人間関係です。人間関係ほど難しいものはありません。しかし、人間関係の溝は、コミュニケーションスキルと場数で必ず埋めていけます。

うまくいっている会社に共通するのは、リーダーのコミュニケーションスキルが高いことです。部下のせいにしたり、怒鳴ったり、責めたりすることはありません。また、自分の部署のことだけを考えず、周りとの調和を大事にし、協力し合える工夫をしています。

そして何より、部下の可能性を信じています。

部下の可能性を信じず、部下を怒ってばかりいる、かつての私のようなリーダーがいる会社は、必ずどこかでひずみが生じます。五月病や職場うつの増加、もしくはリーダー自身が仕事を抱え込みすぎて心身を壊したり、倒産ということになったり……。

あなたも、部下は皆、「仕事ができるという逸材」であるということを、心から信じましょう。ただ、今までは、コミュニケーションの仕方が間違っていただけなのです。そして、あなたは「どんな部下でも期待以上に動かすことができるリーダー」なのです。「言ったことしかできない！」「言わないとわからない！」「言ってもできない！」と部下に怒りを感じるのは、今日で最後です。本書でお伝えしたコミュニケーションスキルは、今から、あなたの部下に活用していただきたいのです。

また、本書の内容は、あなたの部下にだけにとどまらず、あなたの同僚や上司、取引先、ご家族の方とのコミュニケーションなど、あらゆる場面に役立てていけるものです。人生の質は、コミュニケーションの質で決まると私は信じています。人生は、あなたのコミュニケーションのあり方次第で、いくらでも豊かにしていけるのです。

私は、あなたが本書を参考に「リーダーとしてのコミュニケーションスキル」を期待した以上に身につけ、いろんな場面で活かし、あなたとあなたに関わるたくさんの方の人生を豊かなものにしてくださることを願っています。

2014年5月

沖本るり子

【著者略歴】
沖本るり子（おきもと るりこ）
株式会社 CHEERFUL 代表取締役、「５分会議」を活用した人財育成家
広島生まれ。江崎グリコ（株）等を経て、管財商社に入社。業務改善・業務改革のプロジェクトマネジメントを行ない、30代前半で取締役となる。リーダーとして組織をまとめながら経営に関わる中で、「部下との行き違い」「他部門との衝突」「部下が根づかない」などに頭を悩ませる。やがて会社は倒産。「つぶれない会社づくりに必要なのは、何よりもまず“円滑なコミュニケーション”だ」と痛感し、「聞き手が内容をつかみやすい話し方」「聞き手が行動に移しやすい伝え方」を研究する。現在では「人財開発育成」をメインに、企業研修や公開セミナーの講師を務めている。その中のひとつ『『５分会議』を活用して人と組織を育てる」研修では、「必然的にコミュニケーション力やプレゼンテーション力が向上する仕掛け」を提唱している。
会議活用術 カンファリスト®トレーナー、PHP 研究所認定ビジネスコーチ、日本メンタルヘルス協会基礎心理カウンセラー。
著書に『リーダーは話を１分以内にまとめなさい』（中経出版）、『出るのが楽しくなる！ 会議の鉄則』（マガジンハウス）など。

Blog「創意工夫でコミュニケーション力向上」：http://ameblo.jp/e-conferlist/

■株式会社 CHEERFUL
URL：http://www.e-cheerful.co.jp/
■日本カンファリスト®協会
http://www.conferlist.jp

相手が“期待以上”に動いてくれる！
リーダーのコミュニケーションの教科書

平成26年6月16日　初版発行

著　　者 ――― 沖本るり子
発 行 者 ――― 中島治久
発 行 所 ――― 同文舘出版株式会社
東京都千代田区神田神保町1-41　〒101-0051
営業(03)3294-1801　編集(03)3294-1802
振替00100-8-42935　http://www.dobunkan.co.jp

ISBN978-4-495-52741-9
印刷／製本：萩原印刷
Printed in Japan 2014